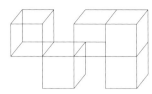

会計基準の読み方
Q&A 100

第2版

秋葉賢一 著
Akiba Kenichi

中央経済社

第2版の刊行にあたって

　本書は，難しいという声が聞かれる最近の「会計基準」について，理解を少しでも深めることができるように刊行されました。初版の「はじめに」にも記載したように，Q&A方式を採り，論点や疑問点に応じて学べるようにしています。このため，必ずしも第1章から読み進める必要はなく，疑問に思った項目やもう少し理解を深めたいと思った項目から見ればよいため，初学者から国家試験などの勉強をしている方，さらに実務の方まで，幅広い層に活用することができるものと考えています。

　本書の改訂にあたっては，2014年に刊行した後に公表された以下のような国際会計基準（IFRS）や企業会計基準を反映しています。

- IFRS第15号「顧客との契約から生じる収益」
- IFRS第16号「リース」
- IFRS第17号「保険契約」
- 企業会計基準第29号「収益認識に関する会計基準」

　また，各章末には，「より理解を深めるために」として，参考とした文献・参考になる文献のほか，設例や開示例を加えています。さらに，改訂に際しては，初版同様，早稲田大学大学院会計研究科におけるワークショップ（演習）や，公益財団法人財務会計基準機構（FASF）の「会計人材開発プログラム」における講義や一般財団法人 会計教育研修機構（JFAEL）でのセミナーの一部も参考にしています。これら以外でも本書に関して，有益なコメントをお寄せ下さった各位に厚く御礼申し上げます。

　最後になりましたが，今回も出版に至るまで大変お世話になりました中央経済社の田邉一正氏に，深謝申し上げます。

2019年1月

秋葉　賢一

はじめに

　最近,「会計」は難しい,特に財務会計や企業会計はよくわからないと聞くことがあります。その中には,内容自体が難しいということのみならず,会計基準がしばしば改正され,また,その改正の理由が腑に落ちず,全体的な体系が把握しにくいということもあるようです。ここ数年は,それまでに比べ,日本の会計基準が頻繁に新設されたり改正されたりしているわけではありませんが,それでも国際会計基準(IFRS)が見直されていることもあり,流動的な動きに対し懸念する声も聞かれます。

　こうした点も踏まえ,多くの方の理解を少しでも深めることができるように,機会を得て,このたび本書を刊行することができました。財務会計や企業会計の書籍は数多くありますが,本書の特徴としては,以下が挙げられます。

(1) 会計基準そのものの解釈や解説ではなく,書名を『会計基準の読み方Q&A100』とした点にも見られるように,基本的な考え方が学べるようにしたこと。すなわち,「書かれている」概念フレームワーク(第2章)の理解のみならず,「書かれていない」考え方(第3章)や資本と利益という基本的な関係(第4章)などを説明しています。また,企業による「投資」に着目し,投資の開始,保有,清算という投資のプロセスに沿って,会計処理の意味を説明しています(第5章から第9章)。

(2) Q&A方式を採っていることから,論点や疑問点に応じて学べるようにしたこと。すなわち,必ずしも第1章から読み進める必要はなく,疑問に思った項目や理解を深めたいと思った項目から読み始めればよいため,初学者から国家試験などの勉強をしている方,さらに実務の方まで,幅広く活用できます。

(3) 各Q&A間の参照(リファレンス)を多く行ったこと。論点や疑問点に応じて読み始めても,関連する項目を☞マークで示すことにより,連鎖的に他の論点も理解できるように工夫しました。

(4) 誤解しやすい点を質問(Q)として100問用意し,回答(A)を数行で示

し，解説を含め見開き2頁で簡潔にまとめたこと。項目によっては難しい内容を含むものもありますが，「です」「ます」調で読みやすく記述し，図表も入れることにより，わかりやすくなるように配慮しました。

　会計基準は，IFRSであれ日本の会計基準であれ，基本的な考え方に沿ったある体系をなしており，その体系性によって多くの経済事象や取引形態に対応できるものと考えられています。この際，概念フレームワークや個別の会計基準において，考え方やその前提がすべて書かれているわけではなく，むしろ「書かれていない」ことが重要になってくる場合が少なくありません。前述したように，本書では，勘違いしていそうな点や「書かれていない」考え方，いくつかの会計処理に共通する見方などを示すことを心がけました。

　また，本書をとりまとめるにあたっては，自分が教職にある早稲田大学大学院会計研究科におけるワークショップ（演習）や，公益財団法人財務会計基準機構（FASF）の「会計人材開発プログラム」における講義の一部も参考にしています。多くの人が会計基準の開発に直接携わるわけではありませんが，受け身ではなく能動的に会計基準に向かい合うことによって，長い目で見たときの役に立つ「会計基準の読み方」を身につけることができるものと思います。

　最後になりましたが，本書を刊行する機会を与えて頂いた中央経済社の代表取締役会長の山本　継氏に厚く御礼申し上げます。また，本書の出版に至るまで中央経済社の編集次長　田邉一正氏には，大変お世話になりました。心より御礼申し上げます。

　2014年1月

秋葉　賢一

目　次

第1章 | 企業会計の基礎 ──────── 1

- Q1　企業会計の機能／2
- Q2　企業会計の目的／4
- Q3　会計基準の必要性／6
- Q4　会計基準の設定主体／8
- Q5　会計基準と財務報告基準／10
- Q6　会計基準における原則主義と細則主義／12
- Q7　会計公準／14

第2章 | 概念フレームワーク──書かれている概念 ──────── 17

- Q8　概念フレームワークの必要性／18
- Q9　概念フレームワークにおける企業会計の目的
　　　──情報提供目的／20
- Q10　概念フレームワークにおける企業会計の目的
　　　──利害調整目的／22
- Q11　有用な会計情報──財政状態に関する情報／24
- Q12　有用な会計情報──利益に関する情報／26
- Q13　有用な会計情報──過去のキャッシュ・フローに関する情報／28
- Q14　会計情報の質的特性──有用性／30
- Q15　会計情報の質的特性──関連性／32
- Q16　会計情報の質的特性──信頼性と忠実な表現／34
- Q17　会計情報の質的特性──比較可能性／36
- Q18　会計情報の質的特性──実質優先／38
- Q19　会計情報の質的特性──内的整合性／40

Q20　会計情報の質的特性―慎重性（保守主義）／42
　　　Q21　ビジネスモデル／44

第3章｜書かれていない基本的な考え方 ―― 47

　　　Q22　資産負債アプローチと収益費用アプローチ／48
　　　Q23　会計利益モデルと純資産価値モデル／50
　　　Q24　自己創設のれんの取扱い／52
　　　Q25　自己創設負ののれんの取扱い／54
　　　Q26　事業投資と金融投資／56
　　　Q27　実現概念／58
　　　Q28　対応概念／60
　　　Q29　配分概念／62
　　　Q30　複式簿記／64

第4章｜資本と利益の報告システム ―― 67

　　　Q31　クリーンサープラス関係／68
　　　Q32　当期純利益(1)―日本／70
　　　Q33　当期純利益(2)―IFRS／72
　　　Q34　包括利益(1)―日本／74
　　　Q35　包括利益(2)―IFRS／76
　　　Q36　その他の包括利益（OCI）とリサイクリング―日本／78
　　　Q37　その他の包括利益（OCI）とリサイクリング―IFRS／80
　　　Q38　非支配株主持分／82
　　　Q39　自社の株式を対象としたオプション(1)―新株予約権／84
　　　Q40　自社の株式を対象としたオプション(2)―自社株プット／86
　　　Q41　資本から負債への振替／88
　　　Q42　負債から資本への振替／90

第5章 資産・負債のオンバランス化—投資の開始 ──── 93

- Q43 資産の認識要件—繰延費用の資産性／94
- Q44 取引コストの取扱い／96
- Q45 借入コストの取扱い／98
- Q46 除去コストの取扱い／100
- Q47 開発コストの取扱い／102
- Q48 改良コストの取扱い／104
- Q49 買入のれんの取扱い／106
- Q50 全部のれんの取扱い／108
- Q51 資本の増加による資産の取得／110
- Q52 負債の認識要件—未履行契約の負債性／112
- Q53 保証債務の取扱い／114
- Q54 製品保証の取扱い／116
- Q55 返品義務の取扱い／118
- Q56 支払リース料の取扱い／120
- Q57 退職給付会計における積立不足／122
- Q58 連結／124
- Q59 比例連結／126
- Q60 持分法／128

第6章 公正価値による測定—直接的な評価 ──── 131

- Q61 公正価値評価の有用性—金融投資／132
- Q62 市場価格と公正価値／134
- Q63 金融資産の公正価値評価／136
- Q64 非上場株式の公正価値評価／138
- Q65 公正価値オプション／140
- Q66 公正価値ヘッジ／142

- Q67 公正価値オプションと公正価値ヘッジ／144
- Q68 OCIオプション／146
- Q69 棚卸資産の公正価値評価／148
- Q70 投資不動産の公正価値評価／150
- Q71 固定資産の公正価値評価／152
- Q72 年金資産の公正価値評価／154
- Q73 保有目的（分類）の変更／156

第7章 取得原価による測定―配分 ——— 159

- Q74 棚卸資産の費用配分／160
- Q75 固定資産の減価償却／162
- Q76 のれんの償却／164
- Q77 ストック・オプションの費用配分／166
- Q78 金融資産の償却原価／168
- Q79 会計上の見積りの変更(1)―考え方／170
- Q80 会計上の見積りの変更(2)―ストック・オプション／172
- Q81 会計上の見積りの変更(3)―金融資産の償却原価／174
- Q82 棚卸資産の低価法／176
- Q83 固定資産の減損処理／178
- Q84 繰延税金資産の回収可能性／180

第8章 負債の割引価値による測定―直接的な評価か配分か ― 183

- Q85 負債の割引価値／184
- Q86 割引率／186
- Q87 退職給付債務／188
- Q88 引当金／190
- Q89 会計上の見積りの変更(1)―退職給付債務，数理計算上の差異

／192

　　Q90　会計上の見積りの変更(2)―退職給付債務，過去勤務費用／194

　　Q91　会計上の見積りの変更(3)―資産除去債務／196

　　Q92　会計上の見積りの変更(4)―保険負債／198

第9章┃資産・負債のオフバランス化―投資の清算 ──── 201

　　Q93　資産の売却と交換／202

　　Q94　棚卸資産の売却処理／204

　　Q95　金融資産の売却処理／206

　　Q96　財務構成要素への分解(1)―受取対価の分解／208

　　Q97　財務構成要素への分解(2)―支出原価の分解／210

　　Q98　認識の中止と条件変更／212

　　Q99　事業分離と移転損益／214

　　Q100　資産負債の総額表示・純額表示／216

索　引／219

〈略語一覧〉

◆日本の会計基準

略　称	会計基準等の名称
企業会計原則	企業会計原則
原価計算基準	原価計算基準
キャッシュ・フロー計算書基準	連結キャッシュ・フロー計算書等の作成基準
研究開発費基準	研究開発費等に係る会計基準
税効果基準	税効果会計に係る会計基準
外貨建基準	外貨建取引等会計処理基準
減損基準	固定資産の減損に係る会計基準
自己株基準	第1号「自己株式及び準備金の額の減少等に関する会計基準」
EPS基準	第2号「1株当たり当期純利益に関する会計基準」
役員賞与基準	第4号「役員賞与に関する会計基準」
純資産基準	第5号「貸借対照表の純資産の部の表示に関する会計基準」
株主資本等変動計算書基準	第6号「株主資本等変動計算書に関する会計基準」
事業分離等基準	第7号「事業分離等に関する会計基準」
ストック・オプション基準	第8号「ストック・オプション等に関する会計基準」
棚卸資産基準	第9号「棚卸資産の評価に関する会計基準」
金融商品基準	第10号「金融商品に関する会計基準」
関連当事者基準	第11号「関連当事者の開示に関する会計基準」
四半期基準	第12号「四半期財務諸表に関する会計基準」
リース基準	第13号「リース取引に関する会計基準」
工事契約基準	第15号「工事契約に関する会計基準」
持分法基準	第16号「持分法に関する会計基準」
セグメント基準	第17号「セグメント情報等の開示に関する会計基準」
資産除去債務基準	第18号「資産除去債務に関する会計基準」
賃貸等不動産基準	第20号「賃貸等不動産の時価等の開示に関する会計基準」
企業結合基準	第21号「企業結合に関する会計基準」

略　称	会計基準等の名称
連結基準	第22号「連結財務諸表に関する会計基準」
研究開発費基準（一部改正）	第23号「『研究開発費等に係る会計基準』の一部改正」
遡及基準	第24号「会計上の変更及び誤謬の訂正に関する会計基準」
包括利益基準	第25号「包括利益の表示に関する会計基準」
退職給付基準	第26号「退職給付に関する会計基準」
法人税基準	第27号「法人税，住民税及び事業税等に関する会計基準」
税効果基準（一部改正）	第28号「『税効果会計に係る会計基準』の一部改正」
収益認識基準	第29号「収益認識に関する会計基準」
ASBJ討議資料	討議資料「財務会計の概念フレームワーク」

◆ IFRS

号　数	表　　題
IFRS第1号	国際財務報告基準の初度適用（First-time Adoption of International Financial Reporting Standards）
IFRS第2号	株式報酬（Share-based Payment）
IFRS第3号	企業結合（Business Combinations）
IFRS第4号	保険契約（Insurance Contracts）
IFRS第5号	売却目的で保有する非流動資産及び非継続事業（Non-current Assets Held for Sale and Discontinued Operations）
IFRS第6号	鉱物資源の探査及び評価（Exploration for and evaluation of Mineral Resources）
IFRS第7号	金融商品：開示（Financial Instruments: Disclosures）
IFRS第8号	事業セグメント（Operating Segments）
IFRS第9号	金融商品（Financial Instruments）
IFRS第10号	連結財務諸表（Consolidated Financial Statements）
IFRS第11号	共同支配の取決め（Joint Arrangements）
IFRS第12号	他の企業への関与の開示（Disclosure of Interests in Other Entities）
IFRS第13号	公正価値測定（Fair Value Measurement）
IFRS第14号	規制繰延勘定（Regulatory Deferral Accounts）
IFRS第15号	顧客との契約から生じる収益（Revenue from Contracts with Customers）
IFRS第16号	リース（Leases）

号　数	表　題
IFRS 第17号	保険契約（Insurance Contracts）
IAS 第1号	財務諸表の表示（Presentation of Financial Statements）
IAS 第2号	棚卸資産（Inventories）
IAS 第7号	キャッシュ・フロー計算書（Statement of Cash Flows）
IAS 第8号	会計方針，会計上の見積りの変更及び誤謬（Accounting Policies, Changes in Accounting Estimates and Errors）
IAS 第10号	後発事象（Events after the Reporting Period）
IAS 第11号	工事契約（Construction Contracts）
IAS 第12号	法人所得税（Income Taxes）
IAS 第16号	有形固定資産（Property, Plant and Equipment）
IAS 第17号	リース（Leases）
IAS 第18号	収益（Revenue）
IAS 第19号	従業員給付（Employee Benefits）
IAS 第20号	政府補助金の会計処理及び政府援助の開示（Accounting for Government Grants and Disclosure of Government Assistance）
IAS 第21号	外国為替レート変動の影響（The Effects of Changes in Foreign Exchange Rates）
IAS 第23号	借入コスト（Borrowing Costs）
IAS 第24号	関連当事者についての開示（Related Party Disclosures）
IAS 第26号	退職給付制度の会計及び報告（Accounting and Reporting by Retirement Benefit Plans）
IAS 第27号	個別財務諸表（Separate Financial Statements）
IAS 第28号	関連会社及び共同支配企業に対する投資（Investments in Associates and Joint Ventures）
IAS 第29号	超インフレ経済下における財務報告（Financial Reporting in Hyperinflationary Economies）
IAS 第32号	金融商品：表示（Financial Instruments: Presentation）
IAS 第33号	1株当たり利益（Earnings per Share）
IAS 第34号	期中財務報告（Interim Financial Reporting）
IAS 第36号	資産の減損（Impairment of Assets）
IAS 第37号	引当金，偶発負債及び偶発資産（Provisions, Contingent Liabilities and Contingent Assets）
IAS 第38号	無形資産（Intangible Assets）

号　数	表　　題
IAS 第39号	金融商品：認識及び測定（Financial Instruments: Recognition and Measurement）
IAS 第40号	投資不動産（Investment Property）
IAS 第41号	農業（Agriculture）

◆その他の IASB の公表物

略　称	公表物の名称
1989年概念フレームワーク	「財務諸表の作成及び表示に関するフレームワーク」
IASB 概念フレームワーク	「財務報告のための概念フレームワーク」

◆その他の略称

略称	名　　称
ASBJ	企業会計基準委員会（Accounting Standards Board of Japan）
IASB	国際会計基準審議会（International Accounting Standards Board）
IFRS	国際財務報告基準（International Financial Reporting Standards）
IASC	国際会計基準委員会 (International Accounting Standards Committee)
IAS	国際会計基準（International Accounting Standards）
FASB	米国財務会計基準審議会（Financial Accounting Standards Board）
SFAS	財務会計基準書（Statement of Financial Accounting Standards）
AICPA	米国公認会計協会 (American Institute of Certified Public Accountants)
SEC	証券取引委員会（Securities and Exchange Commission）

◆文書の種類

略　称	名　　称
DP	ディスカッションペーパー（Discussion Paper）
ED	公開草案（Exposure Draft）

第 1 章

企業会計の基礎

企業会計の機能

Q 企業会計は，複式簿記に基づいて行うにすぎず，情報化社会において重要な機能はないと考えてよいでしょうか。

A いいえ，そのようなことはありません。企業会計の情報によって，利害関係者間の調整を図る機能（利害調整機能）や，会計情報を利用する者の意思決定に有用な情報を提供する機能（情報提供機能）などがあり，現在でも，また，国際的にもそれらの機能は重視されています。

解説

1 受託責任解除機能

一般に，他人の財産の管理や運用を委ねられた受託者は，委託者の利益が最大化するように行動する受託責任（stewardship）を負います。株式会社の場合，株主から資金を委託された経営者は，株主の利益が最大化するように行動する責任があり，企業の活動状況を適切に記録し株主に報告することが求められます。株主は，その報告を受け，経営者の選任や解任を通じ，自己の権利を保全することができます。

このように，経営者が株主から受託した資金の管理や運用に関する状況と結果を財務諸表として作成し，その状況と結果を報告することにより，受託責任を果たすことができます。

2 利害調整機能（契約支援機能）

企業の活動が広がると，利害の対立は，既存の株主と経営者の間だけに限りません。特に，株式会社のような有限責任制度の下では，資金提供のリスクに応じ，企業の意思決定の権限とリターンを得ることのできる株主と，企業の意思決定には参加できずリターンに上限がある債権者の間にも，利害の対立が生じます。企業全体の価値のうち，債権者には負債額（プラス利息）が優先的に配分されますが，それを超える額は株主に配分されます（次頁図表参照）。この

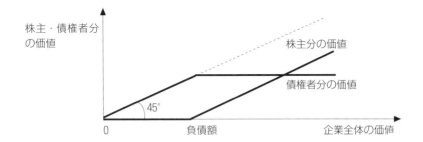

ため,会計情報は,たとえば,財務制限条項や経営者報酬契約などの私的契約にも用いられています。

さらに,会計情報は,法規制においても利用され利害調整に役立っています。たとえば,不特定多数の関係者の利害を調整するために分配可能額や課税所得算定において,また,企業と預金者との利害を調整するために自己資本比率規制において利用されています。このように,利害調整機能は,契約や規制に組み込まれエージェンシー・コストを削減するものであるため,「契約支援機能」ともよばれています。

3 情報提供機能(意思決定支援機能)

企業の活動がさらに広がると,その活動状況を示す情報を必要とする関係者は,既存の株主や債権者に限られません。潜在的な株主や債券保有者という投資家が,その企業の株式や社債を購入するかどうか,保有し続けるかまたは売却するかどうかの意思決定のために,その企業の財務状況や業績を示す財務諸表を必要とします。また,金融機関などの貸付者や仕入先など,その企業に対する債権者も,支払われるべき金額が,期日に支払われるかどうかの判断に資する情報として,財務諸表を利用しています。

このように,多くの企業の利害関係者が,経済的な意思決定を行うにあたって,企業会計は複式簿記(☞ Q30)を利用した会計情報を提供する機能を有するものとして位置づけられてきています(☞ Q14)。情報提供機能は,会計情報が,その利用者の意思決定に有用な会計情報を提供し効率的な取引を促進するものであるため,「意思決定支援機能」ともよばれています。

企業会計の目的

Q 企業会計の目的は，法律によって決められるのでしょうか。

A 必ずしもそうではありません。企業会計の機能（☞ Q1）を活かすように，自主的に利用する場合もあれば，法規制によって規定される場合もあります。その法規制も，自主的に会計情報を利用してきた慣行が，取引コスト等を削減するために，組み込まれているという見方に基づけば，強制的に決められているわけではありません。

解　説

1　企業会計の利用─法規制による場合と自主的に利用する場合

それぞれの法律が，その法律の目的を満たすように，いくつかの機能を有している企業会計を活用する場合が見られます。金融商品取引法や会社法など，法律の規制に則って実施される企業会計は，特に「制度会計」とよばれています。この場合には，企業会計の目的が，その法律によって特定されることになり，複数の機能について優先順位がつけられたり1つの機能だけが強調されたりします。しかし，その場合でも，企業会計による固有の機能が失われるわけではないことに留意が必要です。たとえば，情報提供機能を重視し，それを目的として掲げても，1種類の会計情報を提供する制度においては，利害調整機能などの他の機能も無視できないため，その点をどのように調整していくかは問題となります（☞ Q10）。

これに対して，たとえば，海外投資家向けのアニュアルレポートにおいて財務諸表を作成したりするように，企業会計を任意で開示する場合もあります。これは，企業会計の機能に着目して，自主的に活用する例であり，このような利用が慣行化して法規制につながっているという見方もできます。

2　利害調整目的

会計情報は，私的な利害対立を調整するため，たとえば，財務制限条項など

の私的契約において任意に用いられています（☞Q1）。この際，会計基準変更の影響を反映した会計情報を用いる転がし方式（rolling GAAP）の契約では，当事者間の意図しない結果になり得るため，会計基準変更の影響を反映せず，契約時の会計基準に基づく会計情報を用いる凍結方式（frozen GAAP）を用いる場合もあります。

このような企業と債権者の間の私的な契約が，取引コストを節約するために市場において標準化され，商法・会社法における分配規制につながっているとみる見方があります。すなわち，債権者は弱者であり株主有限責任の下で保護しなければならないといった存在ではなく，資金を提供する時点でリスクに見合ったリターンを要求するように約定金利を引き上げ自らの利益を保護する立場にあるという見方も有力です。

もっとも，債権者といっても，零細な預金者や保険契約者を念頭においた場合には，会計情報に基づく自己資本比率規制やソルベンシー・マージン規制により，それらを保護するといった見方が適切かもしれません。

3 情報提供目的

会計情報の開示は，取引の安全を図るため，また，投資家の自己責任の前提として，法律によって強制されているという説明があります。これに対して，必要な情報が入手できない株主や債権者は，競争的であれば取引を行わないか保守的にリスクを評価するため，企業も内部情報を提供する誘因があり自発的に開示を行いますが，取引コストの節約のために開示方法を標準化する便益がある場合や競争的ではない場合には，会計情報の提供を規定する法律が必要となるという説明もあります。

会社法でも金融商品取引法でも，このような企業会計の情報提供目的を担保するために定められています。

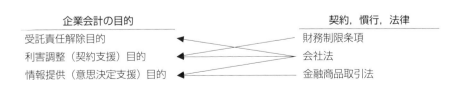

③ 会計基準の必要性

Q 会計基準は,なぜ必要なのでしょうか。
【関連会計基準等】ASBJ 討議資料

A 会計基準の必要性については,公的な規制の側面,すなわち,強い立場にある企業に情報を開示させ,弱い立場にある投資家の保護を図るために必要であるという伝統的な見方と,企業が行う自発的な開示のコストを削減させ開示を促進するために必要であるという見方があります。

解説

1 会計基準の形成に対する伝統的な見方

なぜ会計基準が必要であるかについては,大きく分けて2つの見方があります。1つは,会計基準が社会的な規範として,特に法規制と結びついて強制力を有することから,家父長主義や温情主義などと訳されるパターナリズム(paternalism)によって必要となるという見方です。この場合,会計基準は,強い立場にある企業に情報を開示させ,弱い立場にある投資家の保護を図るために必要な規制として捉えられます。すなわち,企業経営者には会計情報を開示する誘因はなく,投資家は情報不足から適切な判断を行い得ず,したがって,強制的に会計情報を開示させる必要があると考えます。

2 市場関係者の自発的な行動を踏まえた見方

会計基準の必要性についてのもう1つの見方は,法規制がなくても,受託責任を負った受託者(代理人)が委託者(本人)に対し,資金の状況を適切に記録し報告するため,自発的に会計情報は開示される点を踏まえたものです(☞Q1)。このような自発的な開示は,本人と代理人の利害の対立により生じるコストを削減するように,代理人は情報を開示する誘因をもつという自己規律が働くことを意味します。

同様に,資金を調達しようとする企業は,内部の情報を開示して投資家の保

守的なリスクを緩和し、資金調達コストを引き下げようとする誘因をもちます。すなわち、投資家は常に騙されるような無能な存在ではなく、もし必要な情報が不足している場合には、企業のリスクを保守的に評価し、そのリスクに見合ったリターンを要求することが考えられます。

この場合、企業と投資家の間の個々の交渉や契約によって必要な会計情報が開示されていきますが、多くの投資家との間で話し合ったりさまざまな事態を想定して個々に検討したりすることは、コストが膨大になると考えられます。このため、投資家間や経営者間に競争が働いている場合、このようなコストを削減させ開示を促進するために、標準化された会計情報のルールを定めることに合理性が認められます。

3　私的な契約と公的な規制

ASBJ討議資料では、前述2の見方を重視しています。すなわち、たとえ公的な規制がなくても、投資家に必要な会計情報はある程度まで開示されるはずですが、その場合でも、虚偽情報を排除するとともに情報の等質性を確保する最小限のルールは必要であり、それを当事者間の交渉に委ねていたのではコストがかかりすぎることになるため、それを社会的に削減するべく、標準的な契約を一般化して会計基準が形成されるとしています。

これらを踏まえると、会計基準は、公的な規制の側面をもっていますが、企業経営者の有している内部情報の開示により、外部者との間における情報の非対称性を緩和するという私的な契約の側面ももっています。たとえば、減価償却の耐用年数は、同じ固定資産であっても使用状況や使用方法などの物理的要因のほか、収益性などの経済的要因を考慮して決定すべきと考えられており、企業が見込む回収期間を反映すれば、有用な情報になり得ます。

事件などが生じた際には、「会計基準を厳しく設定すべき」と主張されることがあります。信頼性（☞Q16）を失った会計情報は財務諸表利用者にとって有用性（☞Q14）が乏しいものの、経営者に操作の余地を与えないように会計基準を設定することが、会計情報の意思決定関連性（☞Q15）を低下させることはないのかどうか、必要以上の開示負担を通じて最終的に投資家の便益を損なうことはないのかどうかも、同時に検討すべきと考えられます。

4 会計基準の設定主体

Q 会計基準は，民間機関により設定されていますが，拘束力をもたせるとすれば，公的機関で設定すべきではないでしょうか。

A 必ずしもそうではありません。むしろ世界的に見て，会計基準は，民間機関が設定し，行政当局が承認し執行してきています。日本でも，同様の体制が採られています。

解説

1 公的機関による会計基準の設定

会計基準も，法律そのものではなくても社会的な規範であれば，強制力を発揮しやすいように，公的機関 (public sector) で会計基準を設定したほうがよいことになります。日本でも，1990年代後半の「会計ビッグバン」など，以前は，大蔵省や金融庁に設置された企業会計審議会で会計基準が設定されていました。

2 民間機関による会計基準の設定

他方，会計基準の設定は，世界的に見て民間機関 (private sector) で行われています。実務的な専門的知識を機動的に活用することを重視すれば，その意義が見出せそうですが，この場合にはエンフォースメント（執行）が問題になります。歴史的には，1930年代の米国において，以下のように，会計基準の設定権限を民間に委託し，政府がそれを執行してきました。

政　府	会計基準設定主体
証券取引委員会 (SEC)	1938年 AICPA が会計手続委員会 (CAP：Committee on Accounting Procedures) を設置し，会計研究公報 (ARB：Accounting Research Bulletin) を公表
	1959年 CAP は，会計原則委員会 (APB：Accounting Principles Board) に改組
	1972年 FASB の設立

また，2001年4月からは，会計士団体の集まりであったIASCを改組し，常設の民間団体であるIASBにより，IFRSの設定が行われています。IFRSの導入や執行は，各国や地域の法規制に委ねられています。

3　ASBJの設立と会計基準の拘束力

日本では，2001年7月から民間機関であるASBJによって，会計基準が設定されています。これは，自発的な必然性というよりも，IASBへの改組に関連し，非常設による審議会組織のままで対応できるかという外的な要因も大きかったといわれています。

また，民間機関による法規制の作成は問題があることから，当時，母体となる財務会計基準機構（FASF）の寄附行為では，目的・事業に関し，一般に公正妥当と認められる企業会計の基準の「開発」という表現をしており，作成・策定・制定とは異なることとしています。このように，民間機関が開発し行政当局が承認し執行するという官民の役割分担が図られています。もっとも，その承認に関しては，2009年12月11日公布・施行の財務諸表等規則の改正前後で，以下のように異なっています。

時　期	承　認　方　法
2009年12月まで	金融庁によるガイドラインによる
2009年12月以降	金融庁長官の告示による

いずれにしろ，「企業会計基準」だけが対象となっているため，承認されている「企業会計基準」には，関連する「企業会計基準適用指針」も参照する必要がある旨が記載されています。また，金融庁での措置は，証券取引法・金融商品取引法の規定の適用にあたり，「一般に公正妥当と認められる企業会計の基準」として取り扱うこととされているにすぎません。このため，ASBJの公表物の法的な効力を補完するため，2002年5月には，経団連や日本公認会計士協会など設立団体連名で，「企業会計基準」に加え，「企業会計基準適用指針」と「実務対応報告」も市場関係者が準拠し，判断の拠り所となる企業会計上の規範である旨の声明を公表しています。日本では社会実験といわれてきた民間機関による会計基準の設定において，さまざまな工夫がなされてきています。

会計基準と財務報告基準

Q IFRSは，財務諸表に関する会計基準（AS：Accounting Standards）ではなく，財務諸表を含む財務報告に関する基準（FRS：Financial Reporting Standards）であって，その対象範囲が広がることにより，性格も変わってきているのでしょうか。
【関連会計基準等】IASB概念フレームワーク

A いいえ。IFRSの対象範囲は，2010年改正のIASB概念フレームワークにより，「財務諸表」から「財務報告」に拡大していますし，2001年以降，名称がIASからIFRSになっていますが，検討されている対象範囲を考慮すれば，その性格が変化したと見るのは，少なくとも現状では適当ではないでしょう。

解説

1 財務諸表と財務報告

「IFRSに関する趣意書」（Preface to IFRS）において，IASBは，「一般目的の財務諸表」や「その他の財務報告」において，IFRSの利用を促進することにより，その目的を達成するとしています。ここで，「その他の財務報告」とは，財務諸表の外で提供される情報で，完全な1組の財務諸表の解釈を補助したり，財務諸表利用者が効率的な経済的意思決定を行う能力を向上したりするもので構成されるとしています。

財務報告		
財務諸表		その他の財務報告
本表	注記，明細表など	

この際，IASCが公表しIASBが引き継いでいた1989年概念フレームワークでは，一般目的の財務諸表を取り扱うとしており，「財務諸表」には，たとえば，セグメント情報などの注記，補足的な明細表なども含まれ，他方，取締役による報告書，経営者による討議と分析（MD＆A）などの項目は，財務諸表

には含まれないとしていました。後者が，前述した「その他の財務報告」にあたるものと考えられます。2010年改正のIASB概念フレームワークでは，財務報告を対象としており，その範囲は，財務諸表のみであった1989年概念フレームワークのものより広くなっています。

なお，国際監査基準（ISA）720「その他の記載内容における監査人の責任」では，IFRSでは定義されていない「年次報告書」を対象としていますが，それが財務報告よりも広いのか狭いのかは定かではありません。

2　IFRSとIAS

IFRSは，その名称から財務報告の基準（FRS）であって，これまでの財務諸表に関する会計基準（AS）とは形式上，異なっているという見方があるかもしれません。また，IASBは，意思決定を行うために有用な情報を提供するという目的を満たすために，これまでの会計モデルと異なる会計モデルを前提として議論しているという見方もあり得ます（☞Q23）。

しかしながら，IASB自身が，そのようなモデルを示しているわけではありません。また，IASBにおいても，2010年改正までは，1989年概念フレームワークを採用していました。また，2010年改正版では，その対象範囲を財務報告に広げていても，財務諸表は財務報告の中心であり，取り上げる論点の多くは財務諸表に関するものであるとしています。

加えて，2018年改正のIASB概念フレームワークでは，その他の財務報告に言及する場合には，完成までに時間がかかることから，第3章「財務諸表と報告企業」以降は財務諸表による情報に焦点を当てており，経営者による説明など，他の形態については触れていません。

さらに，最近のIFRSの開発においても，その他の財務報告に明らかにあたるものは，概括的で拘束力のない実務記述書として2010年12月に公表された「経営者による説明」（Management Commentary）だけであり，他は，注記を含む財務諸表による情報提供に関する会計基準を検討していると考えられます。

したがって，名称がIASからIFRSになったため，IASBやIFRSの性格が変化したと見るのは，少なくとも現状では適当ではないでしょう。

◆6 会計基準における原則主義と細則主義

Q IFRSは原則主義であり，日本におけるIFRSの適用にあたっては，これまでのやり方を根本的に変えなければならないのでしょうか。

【関連会計基準等】IASB概念フレームワーク

A 必ずしもそうではありません。まず，原則主義という場合の「原則」は何か，少なくともそれは，「資産負債アプローチ」に基づく「公正価値の重視」とか「包括利益の重視」ではないことに留意する必要があります。また，IFRSの適用にあたっては，欧州等の事例に基づいて画一的に処理することや，日本において採られてきた運用を一方的に否定することは避けるべきでしょう。

解　説

1　原則主義とは

会計基準における原則主義（プリンシプル・ベース）とは，一般に，原則的な会計処理の方法のみが示され，数値基準を含む詳細な取扱いは設けない考え方といわれています。原則主義の下では，適切に把握された実態に沿って，原則的な方法を適用し，会計処理を行っていくことになります。

これに対して細則主義（ルール・ベース）では，広範にわたり会計処理のための詳細な判断基準や数値基準を示し，これらに従って会計処理を行っていく考え方といわれています。細則主義の下では，多くの定めをもつ基準書や解釈指針などの中から，適切な取扱いを見つけ，会計処理していくことになります。

2　IFRSと原則主義

IASBのホームページ（HP）の「IFRSの教育」（IFRS education）というセクションの中にあった「原則主義による基準のフレームワークに沿ったティーチング」（Framework Based Teaching of Principle-based Standards）という資料（2018年改正のIASB概念フレームワークを反映していないという理由でHPから削除）において，理想的な原則主義による基準は，適用範囲に例外がなく，また，

「原則」は概念フレームワークからもたらされるものであり，さらに，企業活動に照らして，その原則を適用するために「専門的判断」を必要とするものとしていました。このように，IASB概念フレームワークにおける概念と整合的な場合においてだけ，そのIFRSは原則主義であり，作成者や監査人が専門的な判断を否定し，詳細な解釈を必要とするようになれば，細則主義の会計基準になるとしていました。

3 IFRSの適用にあたっての考え方

IASBが開発したIFRS第2号「株式報酬」は約130ページ，FASBとの共同プロジェクトによるIFRS第3号「企業結合」は約200ページあります。もっとも，原則主義か否かはボリュームで比較されるものではなく，また，IASBでは，原則主義による基準は圧倒的な支持を得ているとしていますので，基準設定や解釈指針のスタンスは，今後も原則主義であると考えられます。

このようなIFRSの適用にあたって，まず留意すべきことは，原則主義という場合の「原則」は何か，少なくともそれは，「資産負債アプローチ」に基づく「公正価値の重視」とか「包括利益の重視」といわれているような見方ではないことに留意することが必要です（☞ Q22, Q35）。また，IFRSの適用にあたっての具体的な問題については，専門的な判断に委ねられることもありますが，欧州等の事例に基づいて画一的に処理することや，日本において採られてきた運用を一方的に否定することは，これまで行ってきた実態の把握やその判断を無にするものであり，避けるべきものと思われます。

仮に，類似の事象や取引について，適用するIFRSが日本の会計基準と同様の考え方であるにもかかわらず，そのIFRSを適用した結果が，それまでの日本の会計基準を適用したときと大きく異なるような場合には，日本の会計基準の適用が適切であったのかどうかが問われることもあるでしょう。

会計公準

Q 概念フレームワークには，会計公準は記載されていないのでしょうか。
【関連会計基準等】ASBJ 討議資料，IASB 概念フレームワーク

A 概念フレームワークでは，企業会計の基本的な構造を示す前提とされる会計公準が，直接的には明示されていませんが，その内容やそれを示唆する記載は見受けられます。

解説

1 会計公準とは

会計公準は，企業会計の基本的な構造を示す前提であり，一般に，以下があるとされています。

(1) 企業実体の公準
(2) 継続企業の公準
(3) 貨幣的測定の公準

これらは，現行の企業会計において，当然のことと考えられていますが，ASBJ 討議資料でも IASB 概念フレームワークでも明示されていません。

2 企業実体の公準

これは，企業会計は，所有主とは離れて企業実体を対象とするという前提です。このような企業実体をどのような観点から見るか（出資者の観点からか企業自体の観点からか）という議論は，会計主体論と呼ばれています。

IASB 概念フレームワークにおいて，財務諸表は，投資家，貸付者，その他の債権者の特定の集団の視点からではなく，企業全体の視点から作成されるとしています。また，報告企業（reporting entity）は，財務諸表の作成を要求されるまたは選択する企業としています。

ASBJ 討議資料では，直接記載していませんが，たとえば，資産は，過去の取引または事象の結果として，報告主体が支配している経済的資源をいう（ほ

Q43）としているなど，所有主とは別個の実体を対象としていると考えられます。

3　継続企業の公準

これは，企業会計の対象となる企業実体が，将来にわたって永続するという前提です。このため，企業会計は，人為的に期間を区切って財政状態や経営成績を把握することにつながります。

2018年改正のIASB概念フレームワークでは，第3章において，財務諸表は通常，報告企業が継続企業（going concern）であり，予見可能な将来にわたり営業を継続するという前提に基づき作成されており，したがって，企業は清算したり営業を停止したりする意図がなく，その必要もないと仮定されるとしています。

また，ASBJ討議資料には，このような記載はありませんが，一般に公正妥当と認められる企業会計の基準は継続企業の前提を基礎としていると解されているため，財務諸表に計上されている資産・負債は，将来の継続的な事業活動において回収または返済されることが予定されています（監査・保証実務委員会報告第74号「継続企業の前提に関する開示について」）。

4　貨幣的測定の公準

これは，企業会計における経済活動の把握は，貨幣額によって行うという前提です。2018年改正のIASB概念フレームワークにおいて，認識は，ある計算書における項目を言語や貨幣金額で描写することを伴うとしています。また，財務諸表に認識された構成要素は，貨幣的に数量化されるとしています。同様に，ASBJ討議資料でも，財務諸表における測定とは，財務諸表に計上される諸項目に貨幣額を割り当てることをいうとしています。

このように，概念フレームワークにおいて，会計公準は直接的に明示されていませんが，IASB概念フレームワークでは，その内容の記載は見受けられ，また，ASBJ討議資料でも，それを示唆する記載が見受けられます。

より理解を深めるために①

　本章における理解を深めるにあたっては，以下の文献などが参考になるでしょう。

(1) 佐藤信彦，河﨑照行，齋藤真哉，柴健次，高須教夫，松本敏史編著『スタンダードテキスト　財務会計論Ⅰ　基本論点編（第12版）』中央経済社，2019年
(2) 佐藤信彦，河﨑照行，齋藤真哉，柴健次，高須教夫，松本敏史編著『スタンダードテキスト　財務会計論Ⅱ　応用論点編（第12版）』中央経済社，2019年
(3) 桜井久勝『財務会計講義（第20版）』中央経済社，2019年
(4) 伊藤邦雄『新・現代会計入門（第3版）』日本経済新聞出版社，2018年
(5) 新井清光，川村義則『新版　現代会計学（第2版）』中央経済社，2018年
(6) 斎藤静樹『企業会計入門―考えて学ぶ（補訂版）』有斐閣，2016年
(7) 川本淳，野口昌良，勝尾裕子，山田純平，荒田映子『新版　はじめて出会う会計学』有斐閣，2015年

＊　　　　＊　　　　＊

　これらは，いずれも企業会計の標準的なテキストとして用いられているものです。特に，(1)–(3)は，ほぼ毎年改訂されていますので，最新の動向も反映されています。これらは，本書第1章「企業会計の基礎」の理解のみならず，現行の会計制度や会計基準（IFRSを含む）についての基本的な知識を得るためにも，参考になるでしょう。
　また，(6)と(7)は，ソフトカバーで四六判サイズのテキストです。入門書の体裁をとっており，平易に書かれていますが，企業会計の考え方を十分に学ぶことができます。

第2章

概念フレームワーク
―書かれている概念

概念フレームワークの必要性

Q 体系的な会計基準を設定するために概念フレームワークが必要といわれていますが、日本では正式な文書ではなく討議資料とされているのはなぜでしょうか。

【関連会計基準等】ASBJ 討議資料

A 2006年に ASBJ 討議資料が公表される際、IASB と FASB との間で、共通の概念フレームワークを開発するための共同プロジェクトが進行中であることに鑑みると、公開草案とすることは適当ではないという懸念もあり、討議資料にとどめています。

解説

1 ASBJ 討議資料の経緯

海外では、概念フレームワークを定め、演繹的に会計基準を設定していく方法が採られています。日本においても、会計基準は、少数の基礎概念に支えられていると理解され、企業会計原則を含め、体系的な考え方に基づく会計基準の設定が行われてきました。しかし、実質的な効果だけではなく形式的にも、明文化された概念フレームワークが必要であるという指摘もありました。

このため、ASBJ 討議資料は、2004年7月に公表した外部の研究者を中心としたワーキング・グループによる討議資料を出発点として、会計基準の開発過程における個別の問題に即した運用や、海外の基準設定主体との間での意見交換を経て、ASBJ の基本概念専門委員会や委員会で議論を積み重ね、2006年12月に公表されています。

2 ASBJ 討議資料の公表

ASBJ 討議資料の前文において、「概念フレームワークは、企業会計の基礎にある前提や概念を体系化したものである」としています。これによって、会計基準に対する理解が深まり、その解釈についての予見可能性も高まること、

したがって，会計基準を解釈する際に無用のコストが生じることを避けるという効果も有するとしています。また，以下の留意点も示されています。
(1) 概念フレームワークは，個別具体的な会計基準の新設・改廃を直ちに提案するものではなく，その役割は，あくまでも将来の基準開発に基本的な指針を提示することにある。
(2) 概念フレームワークは，おのずから記述内容が抽象的にならざるを得ず，個別基準の設定・改廃に際しては，その解釈が必要になり，概念フレームワークだけでは，個別の会計基準の具体的な内容を直接定めることはできない。
(3) ASBJ討議資料は，公開企業を中心とする証券市場への情報開示が前提とされている（ただし，その前提の下で開発された会計基準は，財務諸表のさまざまな利用者にとっても，有用であり得る）。
(4) ASBJ討議資料は，内外の関係者とのコミュニケーションがより円滑になるように，海外の先例にならった構成としている。

3　ASBJ討議資料の位置づけ

2006年にASBJ討議資料が公表される際，IASBとFASBとの間で，共通の概念フレームワークを開発するための共同プロジェクトが進行中でした。公開草案という形で公表することは，同時期に，日本の会計基準による財務諸表が，IFRSでのものと同等と評価され，今後も欧州で使用できるかどうかの評価がなされていたこと（EU同等性評価）などの観点から適切ではないという懸念もあり，改めて討議資料として公表することにとどめています。

IASB概念フレームワークは，2010年と2018年の改正によって，おおむね全面的に見直されています。また，日本において主体的なコンバージェンスが唱えられてきていたことも考慮すれば，ASBJ討議資料を，所定の手続を経て正式なものとすることが適切でしょう。もっとも，討議資料という位置づけであっても，日本において実際の基準開発の指針となっていたり，概念フレームワークや基準設定の考え方をめぐる国際的な議論において役立ったりしていれば，実害はないかもしれません。

概念フレームワークにおける企業会計の目的―情報提供目的

Q IASB概念フレームワークとASBJ討議資料における企業会計の目的は，同じと考えられますが，どのような考え方で達成しようとしているかについても，同じと考えてよいでしょうか。

【関連会計基準等】ASBJ討議資料，IASB概念フレームワーク

A 企業会計の目的は，投資家などの意思決定に有用な情報，それは将来キャッシュ・フローの予測に役立つ情報の提供であるという点で共通しています。さらに，利益を中心とした会計情報を用いて利用者が自ら予測を行うという会計モデルを想定していることが期待できるとすれば，同じような考え方で達成しようと考えることができるでしょう。

解説

1 企業会計の目的

IASB概念フレームワークにおいて，一般目的の財務報告の目的は，現在および潜在的な投資家，貸付者，その他の債権者が，企業への資源の提供について意思決定をする上で有用な，報告企業に関する財務情報を提供することにあるとしています（☞Q14）。この際，それらの主たる利用者は，企業への将来の正味キャッシュ・インフローの見通しを評価するのに役立つ情報を必要としているとしています。

また，ASBJ討議資料第1章において，財務報告の目的は，投資家の意思決定に資するディスクロージャー制度の一環として，投資のポジションとその成果を測定して開示することであるとし，それは，投資家による企業成果の予測や企業価値評価のために，将来キャッシュ・フローの予測に役立つ情報を提供することとしています。

2 企業価値の情報

このように，企業会計の目的は，投資家などによる将来キャッシュ・フローの予測に役立つ情報の提供であるという点で共通しています。その会計情報は，

企業価値の推定に資することが期待されていますが，以下の記述にあるように，企業価値それ自体を表現するものではないため，IASB概念フレームワークにおいてもASBJ討議資料においても，純資産価値モデル（☞Q23）とよばれるような企業価値自体を提供するような考え方は示されていません。

記載個所	記 載 内 容
IASB概念フレームワーク1.7項	一般目的の財務報告書は，企業の価値を示すようには設計されていないが，現在および潜在的な投資家，貸付者，その他の債権者が，企業価値を見積るために役立つ情報を提供する。
ASBJ討議資料第1章16項	企業価値を主体的に見積るのは自らの意思で投資を行う投資家であり，会計情報には，その見積りにあたって必要な，予想形成に役立つ基礎を提供する役割だけが期待されている。

3　将来キャッシュ・フローの予測に役立つ情報

ASBJ討議資料第1章では，会計情報の中で投資の成果を示す利益情報は，基本的に過去の成果を表しますが，企業価値評価の基礎となる将来キャッシュ・フローの予測に広く用いられているとしています。また，投資の成果の絶対的な大きさのみならず，それを生み出す投資のストックと比較した収益性や効率性も重視されるため，利益を生み出す投資のストックの情報を利用することも含意しているとしています。このように，ASBJ討議資料では，利益情報の提供を中心として体系を組み立てています。

他方，IASB概念フレームワークでは，以下の両方の情報が，企業への資源提供に関する意思決定に有用なインプットを提供するとしています。

(1) 企業の財政状態に関する情報（いわば貸借対照表の情報）
(2) 企業の経済的資源や請求権を変動させる取引その他の事象の影響に関する情報（いわば損益計算書やキャッシュ・フロー計算書の情報）

この際，経済的資源や請求権の識別と測定を行わないと，利益に関する合理的に完全な情報を提供できないため，特定の情報を重視していないとしています。それは，IASB概念フレームワークにおいても，会計利益モデル（☞Q23）を否定しているわけではなく，むしろそれを示唆していることが期待できます。そうであれば，IASB概念フレームワークとASBJ討議資料では，同じような考え方で達成しようと考えることができるでしょう。

概念フレームワークにおける企業会計の目的—利害調整目的

Q　ASBJ でも IASB でも，概念フレームワークは，情報提供を目的としているため，利害調整は目的としていないのでしょうか。

【関連会計基準等】ASBJ 討議資料，IASB 概念フレームワーク

A　必ずしもそうではありません。ASBJ 討議資料では，会計情報が利害調整（契約支援）という副次的に利用されていることも考慮しています。

1　企業会計の利害調整機能（契約支援機能）

　企業会計には，企業と企業を取り巻く関係者との間の利害を調整するために用いられることがあり，これは利害調整機能や契約支援機能とよばれています（☞ Q1）。このために会計情報を利用する理由としては，企業行動のすべてを利害調整の対象とすることは膨大なコストを必要とするため，企業行動の全体を貨幣額で把握している会計情報に基づいていると考えられます。

　このような理解に基づくと，利害調整を目的として会計情報を提供するというよりも，提供されている会計情報に基づいて利害調整が図られていると解したほうが適切かもしれません。

2　ASBJ 討議資料と利害調整

　ASBJ 討議資料では，会計基準の設定にあたり最も重視されるべきは，投資家による企業成果の予測や企業価値評価のために，将来キャッシュ・フローの予測に役立つ情報の提供としていますが，前文において「証券市場への情報開示を前提とする概念フレームワークの下で開発された会計基準は，財務諸表のさまざまな利用者にとっても，有用であり得る」としています。また，ディスクロージャー制度における会計情報は，公的な規制や私的な契約等を通じた利害調整にも利用されています。このような会計情報の副次的な利用の事実は，会計基準を設定・改廃する際の制約になることがあるとしています（☞ Q2）。

優先順位	目的の内容
主目的	情報提供（意思決定支援）目的
副次的な利用	利害調整（契約支援）目的

したがって，ASBJ 討議資料では，会計基準の設定・改廃を進める際には，それが利害調整に及ぼす影響も，同時に考慮の対象となるとしています。もっとも，それが，どのような関係者のどのような利害調整に役立っているかは一様ではありません。必要であれば関係者は，それぞれの目的に応じて，利害調整の尺度を算定するはずであり，その算定よりも会計情報を修正して利用するほうが容易な場合に利用するにすぎないとも考えられます。このため，ある利害調整において，会計情報が，もはやその目的に沿っていない場合には，利害調整のための契約や規則のほうを変更する必要があります。

3　IASB 概念フレームワークと利害調整

IASB 概念フレームワークでは，利害調整を目的とはしていませんが，2010年改正において削除した受託責任（stewardship）という用語（☞ Q1）を，2018年改正において復活させるとともに，より目立つように記述し，委託された経済的資源に対して経営者による利用者への説明責任（accountability）を強調することとしています。

財務報告の目的（☞ Q9）に関し，投資家，貸付者，その他の債権者が，企業への資源提供に関する意思決定は，それらのリターンに関する期待に左右され，そのために，下表で示す評価を行う上で，両方の情報が必要とされているとしています。このように，2018年改正の IASB 概念フレームワークでは，下表のBの評価を財務報告の目的としているわけではなく，Aの評価とともに，資源提供の意思決定に重要であるという位置づけとしています。

情報	評価
① 企業の経済的資源，企業に対する請求権およびそれらの資源や請求権の変動に関する情報	A 企業への将来の正味キャッシュ・フローの見通しに関する評価
② 企業の経営者や統治機関が，企業の経済的資源を利用する責任をどれだけ効率的かつ効果的に果たしたのかに関する情報	B 企業の経済的資源に係る経営者の受託責任に関する評価

有用な会計情報―財政状態に関する情報

Q IFRSが資産・負債情報を重視しているとすれば,なぜ財産目録を財務諸表の1つにしないのでしょうか。

【関連会計基準等】ASBJ討議資料,IASB概念フレームワーク

A IASB概念フレームワークでは,資産・負債だけを重視しているわけではなく,また,複式簿記の利用を想定しています。これらのことから,IFRSでは,わが国と同様,財産目録は財務諸表の1つとはされていないと考えられます。

解 説

1 財産目録

日本では,1974年(昭和49年)商法改正前まで,計算書類に財産目録が含まれていました。財産目録は,一定の時点における資産と負債のすべてを,種類や数量,適切な価額を付して詳細に記載したものであり,債権者保護を目的としていたといわれています。また,財産目録の要約表と考えられていた貸借対照表は,財産目録から作成されると考えられていました。

しかしながら,1960年(昭和35年)に企業会計審議会が公表した「企業会計原則と関係諸法令との調整に関する連続意見書」第一「財務諸表の体系について」では,企業会計において損益計算の重要性が強調されるにつれて,貸借対照表も含めて財務諸表は,正確な会計帳簿に基づいて作成しなければならず,財産目録は,決算貸借対照表作成の手段としての機能を喪失したとしていました。このように,財産目録の作成は,貸借対照表の作成方法の変化(実地棚卸法から継続記録法・誘導法へ)から不要とされ,1974年(昭和49年)商法改正において,財産目録は計算書類から削除されています。

```
                    財 産 目 録
                  ××年××月××日現在        (単位:千円)
    Ⅰ 資産の部     (科目ごとに,摘要を示す)      ×××
    Ⅱ 負債の部                                 ×××
      正味財産                                 ×××
```

なお，現在でも，清算株式会社においては，清算開始時における財産目録を作成する必要があり，また，財産の評価については，原則として処分価格によることとされています（会社法492条，会社法施行規則144条）。

2　IASB概念フレームワークにおける資産・負債情報

IASB概念フレームワークでは，企業の経済的資源や当該企業に対する請求権に関する情報と，それらを変動させる取引その他の事象の影響に関する情報の両方が，企業への資源の提供に関する意思決定に有用なインプットを提供するとしています。

また，IASB概念フレームワークにおいて，多くの関係者は，長年，企業の業績が最も重要な情報だと主張していたものの，企業の経済的資源や請求権の識別と測定を行わないと，財務業績（包括利益，純利益またはそれらと同様の用語で表現される）に関する合理的に完全な情報を提供できないため，1種類の情報を財務報告の主要な焦点に指定することは不適切であるとしています。これらからは，IASB概念フレームワークでは，資産・負債だけを重視しているわけではないと考えられます（☞Q9）。

3　IFRSと財産目録

IASB概念フレームワークが示すように，経営者の受託責任（☞Q1）に関する情報も重要である（☞Q10）とすれば，財産管理の責任を明確にする財産目録が必要とされても不思議ではありません。また，IFRSが複式簿記を必要としていないとすれば，他の計算書とリンクしていないとしても，充実したストック情報を示す財産目録が有用な会計情報を提供するものとして提案することも考えられます。

しかし，IFRSにおいて，財産目録が，財務諸表の1つとして位置づけられるような議論はされていません。これは，財産目録の作成が，単にコストがかかるということだけではなく，2で述べたように，IASB概念フレームワークでは，資産・負債だけを重視しているわけではないこと，また，複式簿記の利用を想定していることから（☞Q30）と考えることができるでしょう。

有用な会計情報―利益に関する情報

Q なぜPER（株価収益率または株価収益倍率）が株価水準の判断基準になるのでしょうか。

【関連会計基準等】ASBJ討議資料，IASB概念フレームワーク，EPS基準，IAS第33号

A 株価は，将来の1株当たり利益をその資本コストで割り返したものと見ることができるため，PERは，資本コストの逆数を意味します。将来の1株当たり利益の見込みが適切であれば，この逆数（10-20倍）からPERが掛け離れた場合，株価は割安や割高と考えられます。

解説

1 企業価値と利益

PER（Price Earnings Ratioの略であり，株価収益率や株価収益倍率とよばれます）は，企業価値と利益との関係（または，これらを1株当たりに直した関係）を示しています。

$$\text{PER(倍)} = \frac{\text{株価総額}}{\text{将来における年間の利益}}$$

$$= \frac{1\text{株当たりの企業価値（株価）}}{\text{将来の1株当たり利益（EPS）}}$$

PERが，10-20倍を大きく下回れば割安，大きく上回れば割高といわれています。確かに，株価は業績と関係がありそうですが，なぜPERが株価水準の判断基準になるのでしょうか。適正な株式の価値は，株式への投資から得られる将来キャッシュ・フローの現在価値で表されます。それは，将来の配当を株式投資家が要求する割引率（資本コスト）で割り引いた現在価値になります。将来の配当は将来の利益の一部であり企業に留保しても資本コストで運用されるものとし，かつ，将来の配当と資本コストを一定とするように単純化すると，適正な1株当たりの株式の価値（または株価）は，将来の1株当たり利益をその資本コストで割り返したものとなります。

$$\text{適正な1株当たりの株式の価値} = \frac{\text{将来の1株当たり利益(EPS)}}{\text{資本コスト}}$$

したがって、PERは、資本コストの逆数を意味します。資本コストのレベルは、金利水準や株式のリスクなどから、通常、5－10％と見込まれますので、将来の1株当たり利益の見込みが適切であれば、この逆数の10－20倍からPERが掛け離れた場合、株価は割安や割高と考えられます。このように、PERは、単純化していますが、企業価値評価モデルを念頭に置いている指標であり、今後の成長性や変動要因を考慮して予想される平均的な利益を用いれば、あるべき企業価値が見込まれることを示しています。

2　1株当たり利益

前述したように、株価は、1株当たりの株式の価値を示すため、これに対応する1株当たり利益（EPS：Earnings Per Share）は重要な会計情報になります。このため、日本でもIFRSでも、親会社の普通株主に関する一会計期間における企業の成果を示すように、1株当たり当期純利益（Basic EPS）と潜在株式調整後1株当たり当期純利益（Diluted EPS）を算定し開示することとしています。この結果、同一企業の他の会計期間との業績比較（時系列比較）や他企業との業績比較（企業間比較）を向上させることが期待されています。

ただし、会計情報であるEPSは、過去の実績値を用いるものであるのに対し、PERに用いるEPSは、将来の予測値を用いるものであることに留意する必要があります。もっとも、会計情報のEPSは過去の業績を示しますが、投資家が、その時系列比較やこれまでに予測した利益との比較などを通じて将来の予測値を形成すると考えられるため、その意思決定に有用な情報を提供するものと考えられています。

なお、日本では、企業会計原則に基づき、1株当たり純資産額（BPS：Bookvalue Per Share）も開示することとしていますが、IFRSでは示されていません。この点からは、むしろIFRSのほうが、資産と負債の差額である純資産額と企業価値との関係は希薄であると考えているように思われます（☞Q23）。

有用な会計情報—過去のキャッシュ・フローに関する情報

Q 財務諸表の1つであるキャッシュ・フロー計算書について，IFRS でも日本でも，特有な構成要素は定められていません。これは，なぜでしょうか。

【関連会計基準等】ASBJ 討議資料，IASB 概念フレームワーク，キャッシュ・フロー計算書基準，IAS 第7号

A それは，通常，キャッシュ・フロー計算書は，貸借対照表や損益計算書の作成とは別なものとして，作成されているためではないかと考えられます。

解 説

1 IASB 概念フレームワークにおける財務諸表の構成要素

IASB 概念フレームワークでは，財務諸表の構成要素として，以下を示しています。

(1) 貸借対照表における財政状態の測定に直接関係する構成要素として，「資産」「負債」「資本」

(2) 損益計算書における業績の測定に直接関係する構成要素として，「収益」「費用」

また，2018年改正の IASB 概念フレームワークでは，キャッシュ・フロー計算書や資本変動計算書の項目は，構成要素として識別していません。

2 ASBJ 討議資料における財務諸表の構成要素

ASBJ 討議資料第3章では，貸借対照表および損益計算書に関する構成要素として，「資産」「負債」「純資産」「株主資本」「包括利益」「純利益」「収益」「費用」が定義されています。他方，キャッシュ・フロー計算書等については，改めて構成要素を定義しないとしています。

3 キャッシュ・フロー計算書とその構成要素

このように，IFRSでも日本でも，キャッシュ・フロー計算書に特有な構成要素は定められていません。これは，通常，キャッシュ・フロー計算書は，貸借対照表や損益計算書の構成要素の変動を反映するにすぎないためであると考えられます。すなわち，会計情報は複式簿記に基づいて作成されていることを半ば前提としており（☞Q30），この際，一般的には，別な計算書として，キャッシュ・フロー計算書が作成されているためではないかと考えられます。

このうち，営業活動によるキャッシュ・フローについては，直接法と間接法が認められています。IAS第7号では，将来キャッシュ・フローを見積る上で有用な，かつ，間接法では得られない情報を提供するため，直接法を推奨しています。他方，日本のキャッシュ・フロー計算書基準では，間接法は，純利益と営業活動に係るキャッシュ・フローとの関係が明示される点に長所が認められるとしています。

日本のみならず多くの国において，実務上，間接法が多く，それは，現金及び現金等価物の増減原因を示す収支の勘定を設けていない中で，貸借対照表の変動と損益計算書から当該キャッシュ・フローを算定せざるを得ないためと考えられます。このため，直接法による場合でも，間接的直接法（Indirect-Direct Method）によっており，現金及び現金等価物の増減原因を示す収支の勘定を設けて記録し整理しなければ，直接的直接法（Direct-Direct Method）によることは困難でしょう。このような状況を踏まえると，直接法への一本化に対して多くの反対意見があることも理解できます。

方 法	IAS第7号19項における説明
直接的直接法	その企業の会計記録による。
間接的直接法	売上や売上原価等の損益項目に，棚卸資産や営業債権・債務の期中変動額，その他の非資金項目，投資または財務活動によるキャッシュ・フローとなるその他の項目の調整による。

もっとも，これは，投資活動や財務活動によるキャッシュ・フローについて総額表示したり，株主資本等変動計算書において変動事由ごとに表示したりすることと同じです。しかし，これらの場合には，取引量が少ないため，実務上は問題になっていないと思われます。

会計情報の質的特性—有用性

Q IASB概念フレームワークでは，投資家の意思決定に有用な会計情報，すなわち，将来キャッシュ・フローの見通しを評価するのに役立つ情報の提供を目的としています。これは，将来キャッシュ・フローを反映した公正価値評価を重視しているからでしょうか。

【関連会計基準等】ASBJ討議資料，IASB概念フレームワーク

 いいえ。IASB概念フレームワークでは，将来キャッシュ・フローの見通しを評価するのに役立つ情報の提供を目的としていますが，これは，将来キャッシュ・フローを反映した公正価値評価を重視しているからではなく，むしろ利用者が自ら予測を行うにあたって，間接的に支援するという構図が想定されています。

解説

1 企業会計の目的と有用な情報

IASB概念フレームワークでは，主たる利用者（現在および潜在的な投資家，貸付者，その他の債権者）の意思決定は，期待される投資からのリターンや元利の支払にかかってくるとしています。それらの期待は，企業にもたらされる将来のネット・キャッシュ・インフローの金額，時期，不確実性の評価にかかってきます。このため，IASB概念フレームワークでは，主たる利用者は，将来のネット・キャッシュ・インフローの見通しの評価に役立つ情報を必要としているとしています。

また，IASB概念フレームワークでは，主たる利用者の意思決定において，会計情報が有用であるとすれば，それは，「関連性」があって，かつ，表現しようとしているものを「忠実に表現」しなければならず，それが「比較可能」で，「理解可能」で，「適時」で，「検証可能」であれば，会計情報の有用性は補強されるとしています。これらを1989年概念フレームワークと比較すれば，次のようになります。

1989年概念フレームワーク	2018年改正のIASB概念フレームワーク
主要な質的特性 (1) 関連性 (2) 信頼性 (3) 比較可能性 (4) 理解可能性	基本的な質的特性 (1) 関連性（relevance） (2) 忠実な表現（faithful representation） 補強的な質的特性 (1) 比較可能性（comparability） (2) 理解可能性（understandability） (3) 適時性（timeliness） (4) 検証可能性（verifiability）

2 将来の予測に役立つ情報

IASB概念フレームワークでは，基本的な質的特性の1つである「関連性」のある会計情報は，利用者が行う意思決定に相違を生じさせることができるとし，これには，予測価値（利用者が将来の結果を予測するために用いるプロセスへのインプットとして使用できること。☞Q15）が含まれるとしています。ただし，会計情報が予測価値を有するためには，予測や見込みである必要はなく，予測価値のある会計情報は，利用者が自らの予測を行う際に使用されるとしています。

ここから想定されることは，利用者が，資産や負債などの価値に基づいて直接的に将来の予測を得るのではなく，実績を示す会計情報を用いて，利用者が自ら予測を行うという会計モデルでしょう（☞Q23）。

このように，書かれているIASB概念フレームワークにおいて，企業会計の目的は，将来キャッシュ・フローの見通しを評価するのに役立つ情報の提供としていますが，そのために将来キャッシュ・フローを反映した公正価値（☞Q62）での評価を目指しているわけではなく，利用者が自ら予測を行うにあたって，間接的に支援するという構図が想定されています。ただし，どのように支援するかについては触れていないため，書かれていない基本的な考え方が重要になるでしょう。

会計情報の質的特性―関連性

Q 会計情報が有用であるためには、「レリバンス」が必要といわれていますが、それは、どのようなものなのでしょうか。

【関連会計基準等】ASBJ討議資料、IASB概念フレームワーク

A それは、会計情報の利用者の予測や行動が、その情報の入手によって違いをもたらし得ることを指します。日本でもIFRSでも、その考え方においては相違していないと思われます。

解 説

1 ASBJ討議資料において

ASBJ討議資料において、財務報告の目的は、企業価値評価の基礎となる情報（投資家が将来キャッシュ・フローを予測するのに役立つ企業成果等）を開示することであり、この目的を達成するにあたり、会計情報には、「意思決定有用性」（投資家が企業の不確実な成果を予測するのに有用であること）が期待されているとしています。この際、意思決定有用性は、以下の2つの下位の質的特性により支えられているとしています。

(1) 意思決定との関連性（意思決定目的に関連する情報であること）

(2) 信頼性（一定の水準で信頼できる情報であること）

このうち、(1)が「レリバンス」とよばれているものです。それは、会計情報が将来の投資の成果についての予測に関連する内容を含んでおり、企業価値の推定を通じた投資家による意思決定に、積極的な影響を与えて貢献すること、すなわち、情報価値（投資家の予測や行動が当該情報の入手によって改善されること）を有していることを指すとしています。ただし、会計基準の設定局面において、新たな基準に基づく会計情報の「情報価値」は不確かな場合も多く、そのようなケースでは、投資家による「情報ニーズ」の存在が、情報価値を期待させるため、これらを「意思決定との関連性」を支える2つの特性と位置づけています。

第2章 概念フレームワーク―書かれている概念

2 IASB 概念フレームワークにおいて

IASB 概念フレームワークにおいて，有用な財務情報の基本的な質的特性は，関連性（レリバンス）と忠実な表現（☞ Q16）であるとしています。

ここで IASB 概念フレームワークでは，関連性がある財務情報は利用者の意思決定に違いをもたらし得るとし，財務情報が以下のいずれか，またはその両方をもつ場合に，当該情報は意思決定に違いをもたらし得るとしています。

(1) 財務情報は，利用者が将来の結果を予測するプロセスにおいてインプットとして用いられる場合に，予測価値（predictive value）がある。
(2) 財務情報は，過去の評価についてフィードバックをもたらす（確認または改訂する）場合には，確認価値（confirmatory value）がある。

このように，いずれも「レリバンス」は，情報価値（具体的には，予測価値や確認価値）を有しているか否かと関わっています。

もっとも，ASBJ 討議資料では，特定の会計情報が投資家の行動を改善するか否かについて，事前に確たることをいうのは難しいため，投資家の情報ニーズの存在も含めている点で広く実践的と考えられます。ただし，情報開示のニーズがある会計情報のすべてが投資家の意思決定と関連しているとは限らないとし，そのすべてに会計情報が応えるべきか否かは慎重な検討を要する問題であるとしていますので，その考え方においては相違していないと思われます。

なお，「レリバンス」は，「目的適合性」とよばれる場合もありますが，意思決定目的に適合するという強い意味よりも，文字どおり，関連するという程度であり，「関連性」が適当であると考えられます。

会計情報の質的特性―信頼性と忠実な表現

Q 2010年改正のIASB概念フレームワークでは、これまで会計情報の質的特性とされてきた「信頼性」を「忠実な表現」に代えていますが、公正価値評価の拡大を意図しているのでしょうか。

【関連会計基準等】ASBJ討議資料、IASB概念フレームワーク

A そうではないと思います。1989年概念フレームワークの下でも、公正価値評価の拡大は議論されていました。概念フレームワークの記述も重要ですが、書かれていない基本的な考え方やその運用が一層重要と考えられます。

解 説

1 IASB概念フレームワークにおける「忠実な表現」

2010年改正のIASB概念フレームワークにおいて、財務報告が有用であるためには、会計情報は、「関連性」のある経済的事象（economic phenomena）を表現するだけではなく、表現しようとする事象を「忠実に表現」することも必要となるとしました（☞Q14）。IASB概念フレームワークでは、忠実に表現される場合、その描写は、完全性があり、中立性があり、かつ、誤りがないものになるであろうとしています。

2 「信頼性」から「忠実な表現」への変更

IASB概念フレームワークでは、FASBの財務会計概念書（SFAC）第2号および1989年概念フレームワークのいずれも「信頼性」（reliability）の意味を明確に伝えていないとしています。ある者は、信頼性の「表現の忠実性」の側面を実質的に除外し、「検証可能性」や「重大な誤りがない」ことに焦点を当てており、また、「中立性」と組み合わせて「表現の忠実性」に焦点を当てて

いる者もいれば,基本的には「正確性」を考えていたりする者もいるとしています。信頼性が意味しようとするものを説明しようと試みても,うまくいかなかったため,2010年改正において両審議会は,意図する意味をさらに明確に伝えるように,「表現の忠実」に代えたとしています。

また,IASBでは,2018年改正においても,その意味を以下のAではなく,Bであることを示すため,「忠実な表現」のままとしています。

	信頼性の意味	使用例
A	測定の不確実性が,許容可能な水準であるという意味	1989年公表の概念フレームワークでは認識基準として使用
B	有用な財務情報の質的特性として,重大な誤謬や偏りがなく,情報が表現しようとするものを忠実に表現	1989年公表の概念フレームワークの質的特性において使用

ただし,2018年改正のIASB概念フレームワークでは,測定の不確実性が財務情報の有用性にいかに影響を与えるかの記述や,基本的な質的特性間のトレードオフの例として,見積りの不確実性が高いケースの記述を追加しています。

3　基準開発における影響―公正価値評価を拡大させるか

さらに,IASB概念フレームワークでは,「関連性」と「忠実な表現」の2つの基本的な質的特性は並列ではなく,前者を重視しているとしています。このため,「関連性」があれば「忠実に表現」するように,今後,公正価値（☞Q62）での評価が拡大するという懸念があるかもしれません。

しかし,1989年概念フレームワークでは,「信頼性」とのトレードオフの記述のほか,財務諸表の構成要素の測定には,多くの異なる測定基礎が使用されているとしており,それには,取得原価,現在原価,実現可能（決済）価額,現在価値を含むと記述しているにすぎませんでした。それにもかかわらず,これまで,IASBでは,金融商品の全面公正価値会計（☞Q63）をはじめ,各プロジェクトにおいて,公正価値またはそれに近い価値測定の主張も見受けられました。これらを踏まえれば,概念フレームワークの記述も重要ですが,書かれていない基本的な考え方やその運用が一層重要と考えられます。

会計情報の質的特性—比較可能性

Q 会計情報の比較可能性を高めるためには，代替的な会計処理方法を削除すべきではないのでしょうか。

【関連会計基準等】ASBJ 討議資料，IASB 概念フレームワーク

A 比較可能性は，画一性とは異なりますが，一般に，同じ経済的事象について代替的な会計処理方法を認めることは，比較可能性を低下させることになります。しかし，経済的事象をどのようにして同じと見るか，同じ会計処理方法でも見積りの要素が大きい場合には同じ処理といえるかなどは，引き続き問題となります。

解 説

1 IASB 概念フレームワークにおける比較可能性

IASB 概念フレームワークにおいて，比較可能性（comparability）は，利用者が，項目間の類似点と相違点を識別し理解できるようにする質的特性としています。利用者の意思決定には代替案の間の選択が伴うため，企業に関する情報は，以下の点で比較できる場合には有用であるとしています。
(1) 他の企業に関する類似の情報
(2) 別の期間または別の日の同一企業に関する類似の情報

しかしながら，容易に比較可能でない場合であっても，関連性があり忠実に表現された情報は有用であり，逆に，比較可能な情報であっても，関連性がない場合や忠実に表現されていない場合は有用ではないため，IASB 概念フレームワークにおいて，比較可能性は，基本的な質的特性ではなく，補強的な質的特性であるとされています（☞ Q14）。

2 ASBJ 討議資料における比較可能性

ASBJ 討議資料でも，会計情報が利用者の意思決定にとって有用であるためには，会計情報に比較可能性がなければならないとしています。ここで，比較

可能性とは，以下の場合において，会計情報の比較に障害とならないように会計情報が作成されていることを要請するものとしています。

(1) 同一企業の会計情報を時系列で比較する場合
(2) 同一時点の会計情報を企業間で比較する場合

比較可能性によって意思決定有用性が直接的に判断されるわけではありませんが，しばしば間接的に推定する際に利用されます。このため，ASBJ討議資料では，内的整合性（☞Q19）とともに，階層全体を支える一般的制約となる特性として位置づけています。

3 1つの事実と代替的な会計処理方法

IASB概念フレームワークにおいて，比較可能性は，画一性（uniformity）ではないとしています。ASBJ討議資料第2章でも，比較可能性は，会計基準の内部において，形式基準だけに基づいた画一的な会計処理を一律に求めるものではなく，状況に応じた会計方法の使い分けを否定するものではないとしています。このように，比較可能性を有するには，同様の事実には同一の会計処理が適用され，異なる事実には異なる会計処理が適用される必要があります。

したがって，IASB概念フレームワークにおいて示されているように，一般に，同じ経済的事象について代替的な会計処理方法を認めることは，比較可能性を低下させることになります。ただし，経済的事象をどのようにして同じと見るかが問題となります。ASBJ討議資料第2章では，実質が同じ，すなわち，企業の将来キャッシュ・フロー（の金額，タイミング，不確実性）が投資家の意思決定の観点から同じと見られるかどうかを判断基準としていますが，その運用は難しそうです。

また，会計処理方法の選択は観察できますが，同じ方法でも見積りの要素が大きい場合には同じ処理といえるか，さらに，投資家が企業の裁量の程度をどのように把握するかは引き続き問題となります。

会計情報の質的特性―実質優先

Q 会計基準は企業の実態を明らかにするため，形式よりも「実質優先」という考え方が重要と思われます。しかし，ASBJ 討議資料でも IASB 概念フレームワークでも明示されていないのは，なぜでしょうか。

【関連会計基準等】ASBJ 討議資料，IASB 概念フレームワーク

A ASBJ 討議資料でも IASB 概念フレームワークでも，実質優先は質的特性として明示されていません。基準設定においては，抽象的で漠然としたキャッチフレーズではなく，利用者の意思決定に役立つ観点からの考慮が必要とされていると考えられます。

解 説

1 IASB 概念フレームワークにおける実質優先

1989年概念フレームワークでは，情報が，表示しようとする取引その他の事象を忠実に表現するためには，単に法的形式に従うのではなく，その実質と経済的実態に即して会計処理することが必要であるとしていました。すなわち，実質優先（substance over form）は，「信頼性」の特徴の1つである「表現の忠実性」の下位概念として位置づけられていました。

しかしながら，2010年改正の IASB 概念フレームワークにおいて，忠実な表現（☞Q16）は，会計情報が，単に法的形式を表現するのではなく，経済的事象の実質を表現していることを意味しているものであるため，実質優先は，重複したものであるとして削除していました。なお，FASB は，1980年公表の財務会計概念書（SFAC）第2号「会計情報の質的特性」において，すでに質的特性の1つとはしていませんでした。

しかし，この削除により，IASB は経済的事象の実質を示すことに，もはやコミットしていないのではないかと指摘され，2018年改正の IASB 概念フレームワークでは，さらなる誤解を避け，IASB の考えを強調するために，経済的現象の実質を忠実に表現することの必要性を再度，記載しています。

2 ASBJ討議資料における実質優先

ASBJ討議資料においても，実質優先は，質的特性としては明示されていませんが，比較可能性（☞ Q17）に関連して，形式と実質が分離している以下の2種類の状況について記述しています。

状　　況	会計処理の適用
2つの取引の法的形式が異なっているが，実質が同じ場合	2つの取引には同じ会計処理が適用されるべきである。これは，従来から「実質優先」とよばれており，表現の忠実性と重複している。
2つの取引の法的形式が同じであるものの，実質が異なる場合	それぞれ異なる会計処理が適用されるべきである。これが，表現の忠実性に含まれているかが必ずしも明確ではないため，これらを比較可能性として記述している。

3 実質優先の考え方と会計基準

このように，概念フレームワークにおいて，実質優先は質的特性として明示されていません。その考え方は，他の質的特性を支えているとも考えられますが，以下の点が問題となります。

(1) 法的形式が異なっていたり同じであったりする場合，その実質の相違をどのようにして判断するか。

(2) 実質が同じであったり，法的形式が同じであるものの実質が異なったりする場合に，その実質に応じて適切な会計処理が決まるのかどうか。

(1)について，ASBJ討議資料第2章では，企業の将来キャッシュ・フローが投資家の意思決定の観点から同じと見られる場合を，実質が同じとしています（☞ Q17）。これは，意思決定有用性の観点や，公正価値評価を含む画一的な処理の回避を考慮したためと考えられます。

また，(2)について，ASBJ討議資料第4章序文においては，会計情報と企業の投資との間における経験的に意味のある関連を記述しておくことにより，投資家の意思決定に役立てることを想定しています（☞ Q26）。

このように，基準設定においては，抽象的で漠然としたキャッチフレーズではなく，利用者の意思決定に役立つ観点からの考慮が必要とされていると考えられます。

会計情報の質的特性—内的整合性

Q IASB概念フレームワークにはなくASBJ討議資料にある「内的整合性」は，日本固有の質的特性でしょうか。

【関連会計基準等】ASBJ討議資料，IASB概念フレームワーク

A IASB概念フレームワークにおいても，内的整合性を示しており，また，IFRSの設定においても，何らかの形で整合性を判断基準にして基準設定が行われているものと思われます。しかし，会計基準全体を支える基本的な考え方との整合性という意味で用いられているわけではないかもしれません。

解説

1 ASBJ討議資料における内的整合性

ASBJ討議資料第2章において，「内的整合性」とは，ある会計基準が，会計基準全体を支える基本的な考え方と矛盾しないことをいうとしています。また，ある会計基準が内的整合性を有している場合，その会計基準に従って作成される会計情報は，有用であると推定されるとしています。

新たな経済的事象や取引に関する会計基準について，それによる会計情報が「意思決定との関連性」と「信頼性」という質的特性を満たしているか否か事前にはわからない場合でも，その会計情報を生み出す会計基準が既存の会計基準の体系と整合的であるか否かの判断を通じて，間接的，補完的に意思決定有用性が満たされているかが判断されます。

2 IASB概念フレームワークにおける内的整合性

IASB概念フレームワークにおいて，内的整合性（internal consistency）は，

透明性（transparency），高品質（high quality），真実かつ公正な概観または適正な表示（true and fair view or fair presentation）とともに，関連性と表現の忠実性の質的特性を有し，比較可能性，検証可能性，適時性および理解可能性で補強された情報を別の言葉で記述したものであるとしています。

ここでいう内的整合性が，3で示すような ASBJ 討議資料の趣旨と同様であるかどうかは定かではありませんが，内的整合性という質的特性を有する会計情報は意思決定有用性があるとしています。また，IFRS の設定においても，関連性があって忠実に表現されているかどうかを事前には明確ではない場合も少なくないはずですので，何らかの形で整合性を判断基準にして基準設定が行われているものと思われます。この限りにおいては，「内的整合性」は，日本固有の質的特性とはいえないと考えられます。

3　基本的な考え方との整合性

前述したように，ASBJ 討議資料における「内的整合性」を図る対象は，他の個々の会計基準ではなく，会計基準全体を支える基本的な考え方であることに留意する必要があります。ここで，「基本的な考え方」とは，ASBJ 討議資料第2章において，会計基準，会計実務，会計研究などについての歴史的経験と集積された知識の総体であり，その核心をなすのは会計理論ですが，その妥当性は経験によって裏打ちされるものであり，知識と経験が結合されたものが，内的整合性の参照枠となるとしています。

この背景には，書かれた概念フレームワークは，会計基準設定主体が今後の基準設定の指針として，ある段階で記述されたものにすぎないと考えられていることが挙げられます。また，基本的な考え方のすべてが，概念フレームワークにおいて書かれているわけではないことも挙げられます。これらは，ASBJ 討議資料第2章において，「書かれている概念フレームワークに準拠して会計基準を設定することは，内的整合性を満たすうえでの必要条件であっても，十分条件ではない」という記述からも窺えます。

これらの点は，ASBJ 討議資料の特徴であると考えられますが，IASB 概念フレームワークに沿った IFRS の設定においても，書かれていない基本的な考え方の理解が，実際の基準設定においては重要であるものと考えられます。

20　会計情報の質的特性―慎重性（保守主義）

Q　企業会計原則には「保守主義の原則」がありますが，IASB 概念フレームワークにも，この考え方はあるのでしょうか。
【関連会計基準等】企業会計原則，IASB 概念フレームワーク

A　2010年改正の IASB 概念フレームワークでは，慎重性（保守主義）が削除されましたが，2018年改正において，中立性は，慎重性（不確実性の状況下で判断を行う際に警戒心を行使すること）によって支えられるという記述を追加しています。

解説

1　2010年改正の IASB 概念フレームワーク

IASB では，2010年改正の IASB 概念フレームワークにおける会計情報の質的特性において，1989年概念フレームワークにおける「信頼性」を「表現の忠実性」に変更しています（☞ Q16）。また，「信頼性」の要素であった実質優先（☞ Q18）と慎重性（保守主義）は削除されていました。これは，慎重性や保守主義は，中立性と矛盾することから，「忠実な表現」の要素に含めていないためとしていました。

「中立性」とは，財務情報の選択や表示に偏りがないこととされ，経済的事象を中立的に描写することは，財務情報が利用者に有利または不利に受け取られる確率を増大させるための，歪曲，ウェイトづけ，強調，軽視，その他の操作が行われていないこととなるとしています。

2　2018年改正の IASB 概念フレームワーク

IASB 概念フレームワークが2018年に改正される過程において，関係者は，慎重性を，次頁上のように，異なる意味として使用していると考えられました。

IASB では，慎重性の理解は，中立性をどう理解するかと結びついているとしています。「注意深さとしての慎重性」は，会計方針を適用する際の中立性

慎重性の意味	概　　　要
注意深さとしての慎重性	慎重性は，不確実性の状況下で判断を行う際に，用心深くあることの必要性を指す。
非対称な慎重性	慎重性は，損失が利得よりも早い段階で認識されるという意味を指す。

を達成するのに役立つ可能性があり，したがって，これは，忠実な表現の達成に資するとしています。このため，2018年改正のIASB概念フレームワークでは，中立性は，慎重性（不確実性の状況下で判断を行う際に警戒心を行使すること）によって支えられるという記述を追加しています。

また，一部の人々は，「非対称な慎重性」は有用な財務情報の特性であるとしていますが，IASBでは，資産・負債や収益・費用の会計処理において非対称性を求めることは，財務情報に関連性があり忠実に表現されていることと反するため，2018年改正のIASB概念フレームワークには含めていません。しかし，すべての非対称性が中立性と矛盾するものではなく，以下のような中立的な会計方針の選択（財務情報が利用者によって有利または不利に受け取られる可能性を高めることを意図していない方法で会計方針を選択すること）があるとしています。

(1) 財政状態計算書において，企業の価値を認識することを要求しない。
(2) すべての資産・負債の認識を要求しない。
(3) すべての資産・負債を現在価額で測定することを要求しない。
(4) 歴史的原価で測定される資産についての減損テストを禁止しない。

したがって，2018年改正のIASB概念フレームワークでは，IFRSが非対称性を含める場合があることを承知しており，それは，非対称の手続を適用した結果ではなく，関連性があって表現しようとしているものを忠実に表現した情報を提供することとした決定の結果であるとしています。このような決定は，これまでに開発されたIFRSにおいても反映されており，たとえば，IAS第37号「引当金，偶発負債及び偶発資産」では，偶発負債と偶発資産について異なる認識の閾値を要求しているとしています。

なお，ASBJ討議資料第4章では，発生の可能性に関する判断は，資産と負債との間で対称的になされているわけではなく，その一部は，伝統的に，保守性または保守的思考とよばれ定着してきたとしています。

ビジネスモデル

Q IFRSでは,「ビジネスモデル」という用語が使われることがありますが,どのような目的で使っているのでしょうか。

【関連会計基準等】IASB概念フレームワーク,IFRS第9号,IAS第12号

A IFRS第9号やIAS第12号では,恣意性や主観性を排除する便法としてビジネスモデルを用いているようです。もっとも,2018年改正のIASB概念フレームワークでは,財務情報の関連性に影響を及ぼすこと,IFRSの開発時にその要因の考慮が必要であることを示しています。

解説

1 金融資産の測定とビジネスモデル

IFRS第9号「金融商品」では,公正価値オプション（☞ Q65）が適用される場合を除き,次の両方に基づき,金融資産は,「償却原価」で測定するもの,「その他の包括利益を通じて公正価値」(FVOCI)で測定するもの,または「損益を通じて公正価値」(FVTPL)で測定するもののいずれかに分類されるとしています。

(1) 金融資産の管理に関する企業のビジネスモデル
(2) 金融資産の契約上のキャッシュ・フロー（CF）の特性

IFRS第9号では,これらによって測定基礎を使い分けることにより,企業の将来キャッシュ・フローの金額,時期および不確実性を評価する際に有用な情報を提供できるとしています。

2 税効果会計とビジネスモデル

2010年12月に改正されたIAS第12号「法人所得税」でも,ビジネスモデルという用語を用いています。従来からIAS第12号において,繰延税金資産・負債の測定は,資産を回収しようとしている方法を反映するとしており,資産がIAS第40号「投資不動産」における公正価値モデル（☞ Q70）で測定されて

いる場合には，回収の方法（使用か売却か）を評価することが困難であるため，改正 IAS 第12号では，売却によって行われると推定することとしています。

しかし，当該投資不動産が償却性であり，かつ，経済的便益のほとんどすべてを売却ではなく時の経過に応じて費消するビジネスモデルの下で保有されている場合には，その推定を反証するものとして，使用など，企業が期待する回収方法に基づいて繰延税金資産・負債を測定するとしています。

3　IFRS とビジネスモデル

このビジネスモデルについて，IFRS 第9号では，選択に係るものではなく，むしろ，企業が管理され，情報が経営者に提供される方法を通じて観察できる事実の問題であるとしています。したがって，ビジネスモデルは，単一の金融資産に係るものであり得る経営者の意図とは大きく異なるとしています。改正 IAS 第12号でも，同様の記述をしています。これらの点からは，IFRS においては，恣意性や主観性を排除する便法としてビジネスモデルを用いているようです。

もっとも，2018年改正の IASB 概念フレームワークでは，「ビジネスモデル」という用語が，他の組織において異なる意味で使用されているため，「事業活動」（business activity）という用語を使用していますが，企業の事業活動の性質が，いくつかの種類の財務情報の関連性に影響を及ぼすこと，また，IFRS の開発時にその要因の考慮が必要であることを示しています。

2018年改正時において，事業活動の性質は，基準設定のすべての分野で考慮されるべきか，包括的な概念として組み込まれるべきかが検討されましたが，財務報告のすべての分野において，同じ方法で同じ程度の影響を及ぼすわけではないため，包括的な概念としては含めていません。このため，2018年改正の IASB 概念フレームワークでは，企業の事業活動が，財務報告の決定にどのように影響するかについての一般的な議論の代わりに，以下の文脈において記述しています。

(1)　会計単位の選択
(2)　測定基礎の選択
(3)　資産，負債，資本，収益または費用の分類

より理解を深めるために②

本章では，概念フレームワークを取り上げていますが，「財務報告の目的」と「会計情報の質的特性」を中心に記載しています。書かれている概念フレームワークは，以下の構成となっており，財務諸表の構成要素の定義や，その認識・測定は，第3章以降に記載されています。

2018年改正のIASB概念フレームワーク		2006年公表のASBJ討議資料	
(章)	はじめに	(章)	前文
1	一般目的の財務報告の目的	1	財務報告の目的
2	有用な財務情報の質的特性	2	会計情報の質的特性
3	財務諸表と報告企業		
4	財務諸表の構成要素	3	財務諸表の構成要素
5	認識と認識の中止	4	財務諸表における認識と測定
6	測定		
7	表示と開示		
8	資本および資本維持概念		

このうち，ASBJ討議資料に記載されていない「資本および資本維持の概念」において，IASB概念フレームワークでは，維持すべき資本（☞Q31）として以下を示しています。

資本の概念		概　　　要
貨幣資本	名目資本	投下した貨幣（名目貨幣単位）に基づく
	実質資本	投下した購買力（恒常購買力単位）に基づく
実体資本		物的生産能力または操業能力（たとえば，1日当たりの生産量に基づく企業の生産能力）などに基づく

IASB概念フレームワークでは，測定基礎や資本維持の概念の選択によって，財務諸表の作成にあたって用いられる会計モデルが決定され，会計モデルの違いにより，異なる度合の関連性と信頼性がもたらされるとしています。現在のところ，IASBでは，超インフレ経済における通貨で報告する企業などのような例外的な状況にある場合（IAS第29号を適用）を除き，特定の測定モデルを定める意図はないとしています。

第3章

書かれていない基本的な考え方

資産負債アプローチと収益費用アプローチ

Q IFRSでは,資産負債アプローチを採用しているのでしょうか。
【関連会計基準等】ASBJ討議資料,IASB概念フレームワーク

A IASB概念フレームワークでは,資産や負債を先に定義し利益を導いており,定義のレベルでは,資産負債アプローチが採られています。

解 説

1 定義のレベル―2つの利益観に関連して

利益の見方については,以下の2つが示されてきました。
(1) 利益は,一期間における企業の正味資源の増減分の測定値
(2) 利益は,一期間における成果としての収益と犠牲としての費用が対応(☞ Q28)させられたことによる差額

(1)において,利益とその構成要素である収益と費用は,経済的資源として定義された資産とその資産を他の企業に引き渡す義務である負債に基づいて定義されるため,これをもって資産負債アプローチとよばれます。

これに対して,(2)において利益は,企業の稼得活動のアウトプットの財務的表現である収益と,企業の収益稼得活動へのインプットの財務的表現である費用との差額に基づいて定義されます。このため,利益から従属的に定められる資産や負債には,企業の経済的資源を表さない項目や他の企業に資源を引き渡す義務を表さない項目も含まれることになります。

また,ここでの資産負債アプローチとは,どの財務諸表の構成要素を先に定義するかというレベルで用いられています。IASB概念フレームワークでは,最初に「資産」「負債」が定義され,その差額として「資本」が定義されています。さらに,資本取引以外の資産や負債の増減として「収益」や「費用」が定義され,その差額が利益となります。このため,IFRSでは,定義のレベルにおける資産負債アプローチが採られています。

財務諸表の構成要素の定義にあたって、観察可能なものが多く理解しやすい資産や負債から、抽象度の高い収益や費用を定義するほうが、対象とすべき事象を明確にし不適格な項目を排除するための意義があるといわれています。このため、ASBJ討議資料でも定義のレベルで資産負債アプローチが採られていますが、ASBJ討議資料では、これに加えて、株主資本と純利益のクリーンサープラス関係（☞Q31）の下で「収益」と「費用」を定義しています。

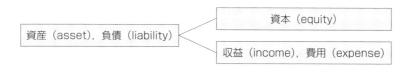

2　認識のレベル

1で述べたように、収益や費用は、資本取引以外の資産や負債の増減とすれば、資産や負債が新たに認識されたり認識が中止されたりするときに、収益や費用も認識されることになります。このため、資産負債アプローチは、認識（☞第5章）や認識の中止（☞第9章）の優先順位という見方があります。ただし、2018年改正のIASB概念フレームワークでは、認識の中止が、取引後に保有されている資産・負債の忠実な表現と、資産・負債の変動の忠実な表現の2つの目的を達成しない場合には、財務諸表の構成要素の定義を満たさない場合であっても認識を中止しないことがあるとしています。この場合には、資産・負債と関連する収益・費用は同時に決定されます。

3　測定のレベル

これらの使い方を越えて、資産負債アプローチは、公正価値（☞Q62）など直接的に資産や負債を測定するものという見方があります（☞第6章）。これは、仮に資産や負債のある評価額（ストック）に有用性が認められれば、その評価額で測定し、その結果として、資産や負債の評価差額が収益や費用（フロー）として計上されるという考え方です。ただし、2018年改正のIASB概念フレームワークでは、有用な財務情報の質的特性やコストの制約を考慮すると、異なる資産・負債および収益・費用に、異なる測定基礎が選択される結果となる可能性が高いとして、混合測定の考え方を示しています（☞Q26）。

会計利益モデルと純資産価値モデル

Q IFRSでは，投資家の意思決定に役立つために，フローの利益を提供していくという考え方ではなく，ストックの純資産価値を提供していくという考え方を採っているのでしょうか。

【関連会計基準等】ASBJ討議資料，IASB概念フレームワーク

A いいえ。もっとも，成果としての利益情報によって，投資家が自らの過去の評価を確認または改訂し，将来の予測につなげていくという考え方も明示されているわけではないため，会計情報が，どのようにして役立つのかの共通理解を得ることも必要になるでしょう。

解説

1 株主価値と会計情報

株主価値は，理論上，利益と純資産のいずれか一方のみで算定することができるため，以下の理念的な会計モデルが考えられます。

(1) **会計利益モデル**

これは，将来キャッシュ・フローを各期に均等に配分した恒久的な利益（permanent earnings）に基づき，株主価値の算定を前提としたモデルです（☞ Q12）。実際には，経常的または正常的な利益情報に基づいて，投資家は，その企業の将来キャッシュ・フローを推定し，自己創設のれん（☞ Q24）の価値を含む企業価値の推定を行うものと想定しています。

(2) **純資産価値モデル**

これは，企業のすべての有形無形の価値を財務諸表に反映し，純資産の額を株主価値として示すことを前提としたモデルです。実際には，すべてに活発な

市場（☞ Q62）が存在しているわけではないため，経営者が推定する純資産価値が提供され，投資家は，純資産価値の算定方法や妥当性を会計外の情報も加味して判断した上で，現在の株価との比較を行って投資意思決定を行うものと想定されます。なお，このモデルにおいて，利益は純資産の変化の結果にすぎないため，関連性（☞ Q15）を有せず投資意思決定にとって有用なものではないと位置づけられます。

2　資産負債アプローチと純資産価値モデル

　資産負債アプローチとよばれるものは，多義的であり，また，特定の測定基礎と結びつけて説明されていないため，ストックの価値評価を，いつ，どの程度まで，どのようにして織り込むべきかが不明です（☞ Q22）。歴史的には，収益や費用とされなかった収支部分を資産や負債（繰延項目）として計上したり，将来の支出が明確ではないものを負債（見越項目）に計上したりすることを制限するために，定義のレベルで資産負債アプローチが導入されてきました。

　しかしながら，公正価値や割引価値による資産・負債の直接的な評価（☞ 第6章，第8章）が拡大すると，資産負債アプローチの意味が測定のレベルで用いられています。さらに，ストック（自己創設のれんを含む）の価値を企業価値として評価していくと，究極的には(2)の純資産価値モデルになり得ます。このため，「資産負債アプローチを採っているIFRSでは，ストックの純資産価値を提供していく」という見方につなげて考えることができるのかもしれません。

　IASB概念フレームワークでは，純資産価値モデルとよばれるような企業価値自体を提供するような考え方は示されていません（☞ Q9）。しかし，成果としての利益情報によって，利用者が自らの過去の評価を確認または改訂し，将来の予測につなげていくという会計利益モデルの考え方も明示されているわけではありません。このため，高品質（☞ Q19）の会計基準となるには，会計情報が，どのようにして投資家の意思決定に役立つのかの共通理解を得ることも必要になるでしょう。

24 自己創設のれんの取扱い

Q 日本でも IFRS でも，自己創設のれんは，資産に計上されませんが，なぜでしょうか。

【関連会計基準等】ASBJ 討議資料，IASB 概念フレームワーク，企業結合基準，IAS 第38号

A 自己創設のれんが資産に計上されない理由として，ASBJ 討議資料では，財務報告の目的による制約の観点を挙げています。IAS 第38号「無形資産」では，資産の認識要件（信頼性基準）を満たしていないことを挙げていますが，IASB 概念フレームワークでも，財務報告の目的の観点から資産計上しないという考え方があると解されます。

解 説

1 自己創設のれんの取扱い

日本では，自己創設のれんに関する明確な定めはないものの，資産に計上されないものと解されています。これは，たとえば，企業結合基準におけるのれんの会計処理方法に関する記述（「企業結合により生じたのれんは時間の経過とともに自己創設のれんに入れ替わる可能性があるため，企業結合により計上したのれんの非償却による自己創設のれんの実質的な資産計上を防ぐことができる」）からも窺えます。

他方，IFRS では，IAS 第38号「無形資産」において，自己創設のれんを資産として認識しないとしており，明確に資産計上を否定しています。

2 自己創設のれんを資産に計上しない理由⑴―日本において―

自己創設のれんが資産に計上されない理由として，ASBJ 討議資料第3章では，資産の定義（☞Q43）の要件は充足するものの，財務報告の目的（☞Q9）の観点から資産に含まれないためとしています。ASBJ 討議資料において，企業会計は，投資のポジションとその成果を測定して開示することを目的としま

すが，それは，投資家と経営者との役割分担から事実の開示に限定しています。このため，経営者による企業価値の自己評価・自己申告を意味する自己創設のれんの計上は，財務報告の目的に反するものとしています。

ASBJ 討議資料における資産計上の要件
① 資産の定義（第3章4項）
② 財務報告の目的による制約（第3章3項）
③ 認識に関する制約条件（第4章3-7項）

自己創設のれんは，「財務報告の目的による制約」の観点から資産に計上されない。

3 自己創設のれんを資産に計上しない理由(2)— IFRS において —

IAS 第38号では，自己創設のれんは，信頼性をもって原価で測定できるような，企業が支配する識別可能な資源ではないため，資産に計上しないとしています。また，IAS 第38号では，企業の市場価値と識別可能な純資産の簿価との差額は，その取得原価を表すものではないとしています。これらから，自己創設のれんは，IASB 概念フレームワークにおける資産の定義を満たすものの資産の認識要件（☞ Q43）を満たしておらず，資産に計上されないとされています。

もっとも，IASB 概念フレームワークでは，一般目的の財務諸表は，企業の価値を示すようには設計されていないとし，以下のように記述しています。

(1) 利用者が，その企業価値を見積るのに役立つ情報を提供する（1.7項）。
(2) 資本の簿価の総額は，企業に対する持分請求権の市場価値の合計や，継続企業の前提の下で企業全体としての売却によって調達可能な金額とは，等しくならない（6.88項）。

このため，ASBJ 討議資料と同様に，財務報告の目的の観点から自己創設のれんは資産に計上しないという考え方があると解されます。

なお，2018年改正のIASB 概念フレームワークにおいて，のれんは，資産の定義を満たしていると考えられます。ただし，ある特定の資産をIASB 概念フレームワークにおいて言及することは適切ではないため，2018年改正版では，のれんには言及しておらず，また，その開発においては，コアのれんが資産の定義を満たしていることを記載しているIFRS 第3号「企業結合」を再検討しなかったとしています（☞ Q49）。

自己創設負ののれんの取扱い

Q 日本でもIFRSでも，自己創設のれんは，資産に計上されませんが，自己創設負ののれんは，どのように取り扱われるのでしょうか。

【関連会計基準等】ASBJ討議資料，IASB概念フレームワーク，IAS第36号，IAS第37号

A 日本のみならず，IFRSにおいても，自己創設負ののれんに関する明示的な定めはありません。自己創設負ののれんは，資産の定義も負債の定義も満たしていませんが，過少収益力であるとすれば，減損処理またはそれに準じて資産の控除，さらに不利な契約に対する引当金として計上されます。

解 説

1 自己創設負ののれんとは

日本のみならず，IFRSにおいても，自己創設負ののれんに関する明示的な定めはありません。そもそも自己創設負ののれんとは，どのようなものでしょうか。自己創設のれん（☞Q24）は，以下のような超過収益力であり，いずれも無形のノウハウや人的資源などとの組合せによるものと考えられます。

(1) 企業や事業といった資産グループの価値が，個々の資産の価値の合計を上回る分
(2) 主観的な価値が，市場平均の期待に基づく価値を上回る分

このため，「自己創設負ののれん」は，それが下回る分であり，いわば過少収益力（マイナスの超過収益力）と考えられます。もっとも，営利企業において自己創設負ののれんが生じることを目指しているわけではないため，それは，意図せざる結果と考えられます。

2 自己創設負ののれんの取扱い

自己創設のれんは，資産の定義（☞Q43）を満たしますが，自己創設負ののれんは，負債の定義（☞Q52）を満たしません。これは，ASBJ討議資料でもIASB概念フレームワークでも，負債は，経済的資源が流出する義務とされて

いることによります（☞ Q52）。たとえば，IAS 第37号では，将来の営業損失は，負債の定義と引当金に対する一般的な認識規準に適合しないため，引当金を認識してはならないとしています。このような非対称的な帰結は，買入のれんと買入負ののれんにおいても見られます。このように，現在の概念フレームワークにおいて，資産と負債の定義は，対称的になっていないことに留意する必要があります（☞ Q43）。

そうすると，自己創設負ののれんは，資産の定義も負債の定義も満たしていないので，認識されることはなく，したがって，日本でも IFRS でも，自己創設負ののれんの取扱いは明示されていないとも考えられます。

	性　　格	取　扱　い
自己創設のれん	超過収益力	資産計上しない
自己創設負ののれん	過少収益力（マイナスの超過収益力）	明示されていない

3　自己創設負ののれんと減損処理

しかし，自己創設負ののれんが過少収益力であるとすれば，減損処理またはそれに準じて，資産の控除項目とすることが考えられます。IAS 第37号では，営業損失の予想は，営業用資産が減損するかもしれない兆候であるとしており，また，IAS 第36号では，企業の純資産の帳簿価額が，その企業の株式の市場価値を超過している場合，資産が減損している可能性を示す兆候としています。したがって，このような場合には，IAS 第36号に基づいて資産の減損について検討することとなります。

2で示したように，IAS 第37号では，将来の営業損失に対して引当金を認識してはならないとしていますが，不利な契約（契約による債務を履行するための不可避的なコストが，契約上の経済的便益の受取見込額を超過している契約）については，その契約による現在の債務を引当金として認識しなければならないとしています（☞ Q52）。ただし，IAS 第37号では，不利な契約に対する別個の引当金を設定する前に，その契約専用の資産に生じた減損を認識するとしていますので，資産の減損処理が先になります。

事業投資と金融投資

Q 事業投資や金融投資という投資の性格に応じて測定を異なるものとする考え方は，ASBJ 討議資料に特有の考え方なのでしょうか。

【関連会計基準等】ASBJ 討議資料，IASB 概念フレームワーク

A いいえ。IASB 概念フレームワークでも，混合測定（mixed measurement）の考え方が採られており，また，その考え方は企業全体の価値評価モデルに即して整理できるため，むしろ共通とすべき考え方と思われます。

解 説

1 ASBJ 討議資料における考え方

ASBJ 討議資料第 4 章序文では，投資家が会計情報から企業の将来キャッシュ・フローを予測するには，会計数値は企業の投資活動と経験的に意味のある関連をもつ必要があるとしています。このため，会計情報と企業の投資活動との間における認識・測定方法の記述によって，将来，新たな会計基準が対象とする投資を明確にすることを通じて，適切な認識・測定方法を選択できるようになるとしています。

ASBJ 討議資料では，投資家が求めているのは，企業が投資にあたって期待された成果に対して，どれだけ実際の成果が得られたのかについての情報であるとし，期待された成果に応じて企業の投資を，次のように分類しています。

(1) 事業投資は，事業活動を通じて，独立した他の資産の獲得を期待しているため，当該資産を獲得したとみなすことができるときに，その獲得した対価の測定値が，リスクから解放された投資の成果となる。

(2) 金融投資は，事業の目的に拘束されず，保有資産の値上りを期待しているため，その価値（市場価格）の変動は，そのまま期待に見合う事実として，リスクから解放された投資の成果に該当する。

このように，財務報告の目的を達成するためには，投資の状況に応じて多様な測定値が求められます。

2　IASB概念フレームワークにおける考え方

2018年改正のIASB概念フレームワークでは，有用な財務情報の質的特性やコストの制約を考慮すると，異なる資産・負債および収益・費用に，異なる測定基礎が選択される結果となる可能性が高いとして，歴史的原価と現在価額を記述し，混合測定の考え方を示しています。また，測定基礎を選択するときに考慮すべき要因として，財政状態計算書と財務業績計算書の両方において測定基礎が生み出す情報の性質，財務情報の質的特性，コストの制約を掲げています。このうち，基本的な質的特性に関しては，以下のように示しています。

基本的な質的特性	測定基礎を選択する際の考慮要因
関連性	資産・負債の性格（特に，キャッシュ・フローの変動可能性，市場要因や他のリスクに対する当該資産・負債の価値の感応度が高いかどうか）
	資産・負債が，将来キャッシュ・フローにどのように貢献するか（これは，ある部分，企業が行っている事業活動（☞ Q21）の性質による）
忠実な表現	測定の不整合（会計上のミスマッチ（☞ Q28））を生じさせるかどうか
	測定の不確実性が高いかどうか

このような混合測定の考え方は，残余利益モデル（RIM）を応用した企業全体の価値評価モデル（エンタープライズバリューモデル）に即して，資本コストを上回る将来の利益（残余利益）を期待している「事業投資」と，公正価値以上ののれん価値は期待されていない，すなわち残余利益はゼロまたは乏しい「金融投資」に整理できるため，むしろ共通とすべき考え方と思われます。

 **実現概念**

Q ASBJ 討議資料では,実現主義の記述がないため,収益の認識における実現の考え方はないのでしょうか。

【関連会計基準等】ASBJ 討議資料

A ASBJ 討議資料では,「実現」という用語は多義的であり,また,さまざまな実態や本質を有する投資について,収益(利益)認識の全体を説明するものではないため,これらを包含する「投資のリスクからの解放」という表現を用いています。それは,実現の考え方の延長線上にあるといえます。

解説

1 ASBJ 討議資料における考え方

ASBJ 討議資料第3章において,「収益」は,特定期間の期末までに生じた資産の増加や負債の減少に見合う額のうち,投資のリスクから解放された部分であるとしています。また,この「投資のリスクからの解放」と類似したものとして,ASBJ 討議資料第4章では,「実現」または「実現可能」という概念があるとして,以下の説明をしています。

(1) 狭義に解した「実現」は,売却(☞ Q93)を意味し,これは,「投資のリスクからの解放」に含まれている。

(2) 「実現可能」は,現金または現金同等物への転換が容易であることを指す場合が多く,その中には,「投資のリスクから解放」に該当しないものも含まれている。

(2)は,FASB の財務会計概念書(SFAC)第5号「営利企業の財務諸表における認識と測定」において,収益や利得は,①実現したまたは実現可能,②稼得される,という2つの要件を考慮することが必要であり,「実現可能」とは,容易に既知の現金または現金請求権に転換されることと関係します。たとえば,市場性のある有価証券は「実現可能」です。しかし,売買目的有価証券は純利益とし,それ以外は純利益としないように,「実現可能」であっても,どの部

分を純利益とするかどうかが問題となっていました。

「実現可能」を狭義に解し，容易に転換可能という意味は，市場性に加えて，事業の制約に拘束されていないなど，いつでも換金するつもりであるという主体性を要件とすれば，それは，純利益に含めることができます。他方，広義に解した「実現」は，(1)の狭義に解した「実現」と，狭義に解した「実現可能」を合わせたものともいわれています。このため，ASBJ 討議資料第 4 章では，以下の理由から，これらを包摂的に説明する用語として「投資のリスクからの解放」という表現を用いることとしたとしています。

(1) 「実現」という用語が多義的に用いられていること。
(2) いずれか 1 つの意義では，さまざまな実態や本質を有する投資について，純利益や収益・費用の認識の全体を説明するものではないこと。

2 「投資のリスクからの解放」と実現概念

ASBJ 討議資料における「投資のリスクからの解放」は，投資にあたって期待された成果が事実として確定することをいうものとしています。投資のリスクとは，期待された投資の成果の不確定性であり，成果が事実となれば（または事実となったとみなされれば），それはリスクから解放されることになります。この背後には，投資家が求めているのは，企業が投資にあたって期待された成果に対して，どれだけ実際の成果が得られたのかについての情報であり，その情報を利用して将来予測に役立てること，すなわち，利益情報の予測価値や確認価値（☞ Q15）が想定されています。

この際，「投資のリスク」は投資の性質に応じて異なるため，「投資のリスクから解放」したかどうかも投資の性質によって異なることになります。それは，狭義に解した「実現」において収益認識する事業投資と，狭義に解した「実現可能」において収益（利益）認識する金融投資とをカバーできる表現といえますので，実現の考え方の延長線上にあると思われます。

対応概念

Q IFRSでは，費用収益の対応の考え方はないのでしょうか。

【関連会計基準等】IASB概念フレームワーク，IAS第2号，IFRS第9号，IFRS第15号

A いいえ。IASB概念フレームワークや個々のIFRSに照らせば，明示的ではないものの，IFRSでも費用収益の対応の考え方はあると見るほうが説得的です。

解説

1 費用収益の対応の重要性

利益情報は過去のものですが，将来の利益を投資家が予測したりその予測を改訂したりすることを通じ，将来キャッシュ・フローの予測の際に役立つものと考えられます。

この際，事前の期待と対比できるような事後の利益という観点からは，その達成を確認できるように，成果としての収益に犠牲としての費用を対応（match）させ利益を算定することになります。しかし，それは結果として見越・繰延項目を生じさせる場合があります。資産負債の定義や認識を重視する場合，そのような見越・繰延は排除されることになりますが，資産性や負債性が認められる範囲で，費用収益の対応が否定されるわけではありません。

2 IASB概念フレームワークと費用収益の対応

IASB概念フレームワークでは，資産・負債だけを重視しているわけではなく，利益も重視しています（☞Q9，Q11）。2018年改正の際に，関係者の中には，IASBは収益と費用の対応の重要さを十分に認識していないという指摘がありました。IASBでは，収益と費用の対応に基づくアプローチは，収益およ

び費用が関係する期間を定義しておらず，また，収益と負債を対応させるという意図は，財政状態計算書において資産・負債の定義を満たさない項目の認識を正当化するものではないとしています。

もっとも，2018年改正のIASB概念フレームワークでも，たとえば，財の販売のように，取引または他の事象から生じる資産・負債の認識が，収益および関連する費用の両方の同時の認識を生じることがあるとし，それは，しばしば原価と収益の対応（matching of costs with income）とよばれているとしています。

3　棚卸資産の販売と費用収益の対応

この点，たとえば，2014年公表のIFRS第15号「顧客との契約から生じる収益」では，費用収益の対応には言及していないため，IFRSでは，費用収益の対応を軽視しているとも考えられます。しかし，IFRS第15号において費用収益の対応が明示されていなくても，IAS第2号では，棚卸資産が販売されたとき，その棚卸資産の帳簿価額は，関連する収益が認識される期間に費用として認識するとしています。これは，以下のいずれの説明でも，基本的には利益の認識および測定は同じになることを意味します（☞Q94）。

(1) 収益費用に着目して，販売により収益認識し，これと対応するように棚卸資産の簿価を費用として認識し，差額を利益とする。
(2) 資産負債に着目して，販売により棚卸資産の認識を中止し，受取対価との差額を利益とする。

また，IFRS第9号「金融商品」における公正価値オプション（☞Q65）の適用条件など，最近のIFRSやその開発をめぐる議論では，「会計上のミスマッチ」（資産・負債の測定や利得・損失の認識を異なったベースで行うことから生じるであろう測定上または認識上の不整合）という表現が散見されます。いわゆる直接的対応といわれているように，強調しなくても費用収益の対応が図られる場合には，IFRSにおいて問題にされませんが，そうでない場合には問題があるとされているようです。そうすると，明示的ではないものの，IFRSでも，費用収益の対応の考え方はあると見るほうが，これらの議論を適切に説明することができるでしょう。

 配分概念

Q 企業会計原則には,「費用配分の原則」がありますが,ASBJ 討議資料や IASB 概念フレームワークにも,この考え方はあるのでしょうか。

【関連会計基準等】企業会計原則,ASBJ 討議資料,IASB 概念フレームワーク

A はい。ASBJ 討議資料においても IASB 概念フレームワークにおいても,費用配分の考え方は示されています。

解説

1 ASBJ 討議資料における費用配分

企業会計原則では,「資産の取得原価は,資産の種類に応じた費用配分の原則によって,各事業年度に配分しなければならない」としています。

ASBJ 討議資料第4章では,「費用配分とは,あらかじめ定められた計画に従って,資産の原始取得原価を一定の期間にわたって規則的に費用に配分するものである」としています。また,投下資金の一部が,投資成果を得るための犠牲を表す費用として,計画的・規則的に配分され,原始取得原価の一部を費用に配分した結果の資産の残高は,未償却原価とよばれるとしています。

さらに,ASBJ 討議資料第4章では,利用の事実や契約の部分的な履行に着目した費用の測定として,企業会計原則において経過勘定項目としていた前払費用や未払費用についても示しています。

2 IASB 概念フレームワークにおける費用配分

2018年改正の IASB 概念フレームワークでは,それ以前に記載されていた費

用配分は削除されています。ただし，たとえば，資産の歴史的原価は，当該資産を構成する経済的資源の一部または全部の費消（減価償却または償却）を描写するために，一定の期間の経過とともに更新されるとしています。また，金融資産以外の資産が歴史的原価で測定される場合，資産の消費または売却により費用が生じるとしています。

このように，ASBJ 討議資料においても IASB 概念フレームワークにおいても，過去の支出を規則的に配分する，いわば狭義の費用配分に加え，費消に応じた配分や将来の支出を配分する考え方が示されています。

3　収益も含めた期間配分

さらに，ASBJ 討議資料第 4 章では，以下の場合，相手方の代金支払という履行を待たずに，自らの契約の部分的な履行に着目して収益がとらえられるとしています。

(1) 財・サービスを継続的に提供する契約が存在する場合
(2) 相手方による代金支払という契約の履行が確実視される場合

たとえば，貸付金の場合，時の経過によって契約を部分的に履行したとみなされるため，未収収益が計上されたり償却原価（☞ Q78）で測定されたりします。IASB 概念フレームワークでも，発生主義会計は重要であるとしており，現金の収入・支出を期間配分する考え方が明示されています。

配分の種類			具体例
費用の配分	過去の支出を配分	規則的に配分（狭義の費用配分）	未償却原価
		費消に応じて配分	前払費用
	将来の支出を配分		未払費用，引当金
収益の配分	過去の収入を配分		前受収益
	将来の収入を配分		未収収益，償却原価

ただし，どのように配分するか，配分にあたっての見積りが修正された場合にどのように影響額を反映させるか（☞ Q79）の取扱い如何によっては，公正価値評価に近い会計処理になり，利益というフローの算定に役立つ処理の意味が問われかねません。

 複式簿記

Q IFRSでは,資産・負債を重視し,公正価値で評価することを目指しているため,複式簿記を必要としていないのでしょうか。

【関連会計基準等】企業会計原則,IASB概念フレームワーク

A いいえ。IFRSでは,明示的な記述はありませんが,複式簿記の利用を想定していると考えられます。

解説

1 複式簿記

複式簿記では,企業の行う取引を,借方と貸方という2つの側面から記録します。また,ストックを示す実在勘定とフローを示す名目勘定を用います。これらによって,財産計算と損益計算が同時に行われ,さらに,財産法という実在勘定による利益計算と,損益法という名目勘定による利益計算が可能になります。これに対し,単式簿記は,財産計算のみを行い,財産法によって利益が算定されますが,名目勘定を用いないため,損益の発生原因は示されません。

2 正規の簿記の原則

企業会計原則の一般原則では,「企業会計は,すべての取引につき,正規の簿記の原則に従って,正確な会計帳簿を作成しなければならない」という,「正規の簿記の原則」を示しています。このため,日本では,会計基準によって,正確な会計帳簿の作成とともに,誘導法による財務諸表の作成が求められています。また,ここでいう「正規の簿記」とは,網羅性や検証可能性,秩序性といった要件を満たしていればよいと解されていますので,複式簿記のみならず,単式簿記でもよいとされているようです。

なお,会社法432条において,株式会社は,法務省令で定めるところにより,適時に,正確な会計帳簿を作成しなければならないとされていますが,会計帳簿については具体的に規定していません。このため,会社計算規則3条にいう

一般に公正妥当と認められる企業会計の基準その他の企業会計の慣行の斟酌から、それは、仕訳帳や元帳を含む主要簿や補助簿など、「正規の簿記」に従った会計帳簿を指すと考えられます。

3 IFRSと複式簿記

日本での取扱いに対して、IFRSでは、複式簿記を含め、どのように会計帳簿を作成するかについての明示的な記述はありません。しかし、IASB概念フレームワークでは、財務諸表の構成要素として、「資産」「負債」「資本」「収益」「費用」の5つを示しており（☞Q13）、実在勘定と名目勘定を用いる複式簿記を想定していると考えられます。

2018年改正のIASB概念フレームワークでは、認識により、構成要素と、財政状態計算書および財務業績計算書は、以下のようにリンクするとしています。

時期	資本と他の構成要素の関係
期首と期末	財政状態計算書において、資産合計から負債合計を控除したものが、資本の合計に等しい。
期中	資本において認識された変動は、以下から構成される。 ① 財務業績計算書において認識された収益から費用を控除したもの ② 持分請求権の保有者からの拠出 ③ 持分請求権の保有者への分配

さらに、2018年改正のIASB概念フレームワークでは、ある項目（またはその簿価の変動）の認識によって、他の項目（またはその簿価の変動）の認識または認識の中止を必要とするため、計算書間でリンクが生じるとしています。これらは、複式簿記の利用が前提であることを示唆しています。

IFRSは、投資家の経済的意思決定に有用な会計情報を提供することを目的とし、それは、将来キャッシュ・フローの見通しを評価するのに役立つ情報としているため、短絡的に、将来キャッシュ・フローを反映した公正価値評価を目指しているといった見方（☞Q14）などにより、複式簿記は必要ではないという見解があるかもしれません。しかし、明示されていなくても、IASB概念フレームワークからは、そのような見解は適切ではないと考えられます。

より理解を深めるために③

　本章における理解を深めるにあたっては，まず第2章で示した「書かれている」概念フレームワークについて，確認する必要があります。そのためには，以下の文献などが参考になるでしょう。

(1)　斎藤静樹編著『詳解「討議資料・財務会計の概念フレームワーク」（第2版）』中央経済社，2007年
(2)　秋葉賢一『エッセンシャルIFRS（第6版）』中央経済社，2018年
(3)　平松一夫，広瀬義州訳『FASB財務会計の諸概念（増補版）』中央経済社，2002年
(4)　企業財務制度研究会訳『COFRI実務研究叢書　財務会計の概念および基準のフレームワーク』中央経済社，2001年

＊　　　　＊　　　　＊

　(1)は，ASBJ討議資料の検討に参画したメンバーが執筆しています。また，(2)の拙著では，第1部総論において，IASB概念フレームワークやASBJ討議資料の解説，それぞれにおける利益の見方などを示しています。(3)と(4)は，本書では直接対象とはしていませんが，IASB概念フレームワークやASBJ討議資料に影響を与えた，FASBの概念フレームワークに関する文献です。

　「書かれている」概念フレームワークにしたがって会計基準が設定されているとしても，それをどのように解釈するか運用するかによって，結果は異なってきます。このため，会計基準は，「書かれている」概念フレームワークのみならず，必ずしもそれらには明示されていない考え方にも沿って設定されていると考えられます（「はじめに」参照）。本章では，「書かれていない」考え方の一部を記述しましたが，これらのベースになっているものが，以下の(5)から(7)などに記載されています。

(5)　斎藤静樹，徳賀芳弘編著『体系現代会計学第1巻　企業会計の基礎概念』中央経済社，2011年
(6)　斎藤静樹『会計基準の研究（増補改訂版）』中央経済社，2013年
(7)　大日方隆『アドバンスト財務会計（第2版）』中央経済社，2013年

第4章

資本と利益の報告システム

クリーンサープラス関係

Q クリーンサープラス関係は，なぜ重要なのでしょうか。
【関連会計基準等】ASBJ討議資料，IASB概念フレームワーク，包括利益基準

A 資本取引を除く資本の変動額と利益の額が一致するクリーンサープラス関係は，財務諸表の数値に関する信頼性を高めるものであり重要であるともいえますが，むしろ企業会計の前提や制約とも考えられます。

解 説

1 クリーンサープラス関係

利益の決定に関して，IASB概念フレームワークでは，資本維持の概念 (concept of capital maintenance) と関連させた記述をしています。IASB概念フレームワークでは，企業が，期末において期首と同じだけの資本 (capital) を有している場合には，企業はその資本を維持したことになり，期首の資本を維持するために必要な額を超える額が，利益であるとしています。また，IASB概念フレームワークでは，資本維持の概念は，以下を区別するための必要条件であるとしています。

(1) 資本に対するリターン (return on capital)
(2) 資本の返還 (return of capital)

たとえば，期首の資本を100，期末の資本を120，資本の返還を10とすれば，資本に対するリターン（＝利益）は，120＋10－100＝30となります。

ASBJ討議資料第3章において，企業の投資の成果は，最終的には，投下し

た資金と回収した資金の差額にあたるネット・キャッシュフローであり，各期の利益の合計がその額に等しくなることが，利益の測定にとって基本的な制約になるとしています。厳密には，ストック・オプションや企業結合（☞Q51），現物配当（☞Q41）のように，必ずしも企業にキャッシュが投下され，キャッシュで回収し分配するとは限りませんが，キャッシュの受払と同様の処理をすれば，以下となり，利益の増加を伴わない回収余剰は生じません。

| 全期間のネット・キャッシュフロー | ＝ | 全期間の利益の累積額 |

包括利益基準において示されているように，ある期間における資本の増減（資本取引による増減を除く）が当該期間の利益と等しくなる関係は，利益の増加を伴わない余剰（surplus）が生じないため，「クリーンサープラス関係」とよばれています。逆に，利益の増加を伴わずに生じた余剰は，ダーティーサープラスとよばれています。

2　クリーンサープラス関係の重要性

このようなクリーンサープラス関係によって，資本の超過分は利益の累計分と一致し，資本が示される貸借対照表と利益が示される損益計算書との間での連繋（articulation）が保たれます。このため，資本の範囲が異なれば，利益の範囲も異なることとなります。

クリーンサープラス関係により，財務諸表は閉じた体系となり，財務諸表の数値に関する信頼性は高められます。もっとも企業会計では，通常，複式簿記が採られており（☞Q30），それを前提として貸借が一致した試算表を単に貸借対照表と損益計算書に分解しているとすれば，クリーンサープラス関係は当然であり，むしろ企業会計の前提や制約とも考えられます。

また，企業価値評価モデルにおける残余利益モデルやエンタープライズバリューモデル（☞Q26）においては，将来の利益に関してクリーンサープラス関係が前提とされていることから，過去の利益を示す財務諸表においてもクリーンサープラス関係が確保されていることにより，これらの関連が高まることも期待されます。

当期純利益(1)—日本

Q ASBJ討議資料では，なぜ純利益を有用と考えているのでしょうか。
【関連会計基準等】ASBJ討議資料

A 純利益は，投資のリスクから解放された利益情報であり，投資家自らが予測したり自身の期待を改訂したりして，企業価値評価の基礎となる将来キャッシュ・フローの見積りに役立てることができると考えられます。実証研究の成果も踏まえ，ASBJ討議資料では，純利益を有用と考えています。

解説

1 ASBJ討議資料における純利益

ASBJ討議資料における純利益は，以下の条件を満たすものです。

	条　件
(1)	特定期間の期末までに生じた純資産の変動額（報告主体の所有者である株主，子会社の少数株主，および将来それらになり得るオプションの所有者との直接的な取引による部分を除く）
(2)	その期間中にリスクから解放された投資の成果
(3)	報告主体の所有者に帰属する部分

条件(1)では，資本取引を除く資産・負債の累積変動額としており，クリーンサープラス関係（☞Q31）を満たすものです。ASBJ討議資料において，「包括利益」とは，特定期間における純資産の変動額（報告主体の所有者である株主，子会社の少数株主，および将来それらになり得るオプションの所有者との直接的な取引による部分を除きます）としていますので，これと同じです。いずれも資産・負債の認識・測定をどうするかについては触れていませんが，「投資のリスクからの解放」（☞Q27）という，包括利益とは異なる計上のタイミングに関する条件(2)によって，資産・負債の認識・測定と直接的に関係させなくても，純利益を把握することができることになります。さらに，(3)は，計上のスコープ（範囲）を条件としています（☞Q27，Q36，Q38，Q39）。

2　純利益の有用性

　ASBJ討議資料第1章では，会計情報の中で，投資の成果を示す利益情報は過去の成果を表しますが，企業価値評価の基礎となる将来キャッシュ・フローの予測に広く用いられているとしています。ここでいう利益は，純利益を想定しているため，ASBJ討議資料第3章序文では，「投資家の利用目的との適合性を考慮して，包括利益とは別に純利益に定義を与え，純利益と関連させて収益と費用の定義を導出している」としています。

　なぜ純利益が利用されているかについて，ASBJ討議資料では，まず，投資家が求めているのは，（企業により行われた）投資にあたって期待された成果に対して，どれだけ実際の成果が得られたのかについての情報（投資のリスクから解放された利益情報）であり，このような条件(2)を満たした情報に基づいて，利用者は，自身で予測したり自身の期待を改訂したりして，企業価値評価の基礎となる将来キャッシュ・フローの見積りに役立てることができるとしています（☞Q23）。

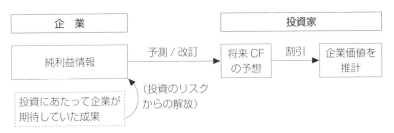

　また，ASBJ討議資料第3章では，利益情報の主要な利用者であり受益者であるのは，報告主体の企業価値に関心をもつ当該報告主体の所有者であるため，純利益に対応する株主資本を，報告主体の所有者に帰属する部分と位置づけています。このように，条件(3)によって，投資の正味ストックに対する成果が提供されることになります。

　さらに，ASBJ討議資料第3章では，現時点までの実証研究の成果によると，包括利益情報は，投資家にとって純利益情報を超えるだけの価値を有しているとはいえませんが，純利益情報は，長期にわたって投資家に広く利用されており，その有用性を支持する経験的な証拠も確認されているとしています。これらから，ASBJ討議資料では，純利益を有用と考えています。

33 当期純利益(2)—IFRS

Q IAS 第1号「財務諸表の表示」では，当期純利益とその他の包括利益（OCI）の2つの構成部分があることを明確にするため，基準における名称を「包括利益計算書」から「当期純利益及び OCI 計算書」とよぶこととしています。これは，当期純利益を重視しているからなのでしょうか。

【関連会計基準等】IASB 概念フレームワーク，IAS 第1号

A IASB では，「当期純利益」という項目は重要であると考えているようですが，なし崩し的にリサイクリング（組替調整）しない項目を増加させていますので，その中身は変容してきていることに留意する必要があります。

解 説

1 IAS 第1号の2011年改正

以前の IAS 第1号では，完全な1組の財務諸表において，その会計期間に認識された収益（income）・費用（expense）のすべての項目は，1計算書か2計算書かのいずれかによって表示するものとしていました。2010年5月公表の公開草案では，2計算書方式の選択肢を廃止し，1計算書方式のみとすることが提案されていましたが，2011年6月公表の改正 IAS 第1号では，2計算書方式も認めることとしています。これは，公開草案に対する多くのコメントが，選択肢を廃止する提案に否定的であったことによるとしています。

また，改正 IAS 第1号においては，1計算書の名称を見直し，これまでの1つの「包括利益計算書」を「当期純利益及び OCI 計算書」とよんでいます。改正 IAS 第1号によれば，この変更により，当該計算書には当期純利益と OCI の2つの構成部分があることを明確にすることができるためとしています。もっとも，改正 IAS 第1号では，それ以外の名称も使用することができるとしており，たとえば，「当期純利益及び OCI 計算書」に代えて「包括利益計算書」のタイトルを使うことができるとしています。

さらに，改正 IAS 第1号では，「当期純利益及び OCI 計算書」において，

当期純利益のセクションとOCIのセクションとに区分して表示し，前者の表示に続けて後者を表示するものとしています。この際，当期純利益のセクションを別の計算書（損益計算書）で示すことができますが，これは，包括利益を示す計算書のすぐ前に置くものとしています。

2　IFRSにおける当期純利益

IAS第1号において「当期純利益」は，収益から費用を控除し，OCIの項目を除いたものの合計をいうとしています。また，資本取引以外の資本の変動を包括利益（☞Q35）とし，それは，当期純利益およびOCIのすべての内訳項目からなるとしていますので，以下の算式の関係にあります。

> 包括利益 − OCI ＝ 当期純利益

改正IAS第1号において，IASBでは，業績の尺度としての当期純利益を削除してしまう計画はないとしています。また，当期純利益は別に表示され，引き続き1株当たり利益（EPS）（☞Q12）の計算における出発点となるとしていますので，当期純利益は重要であると考えているようです。また，2018年改正のIASB概念フレームワークでは，以下を記述しています。

(1) 損益計算書は，その期間における企業の財務業績に関する主要な情報源である。
(2) 当期純利益は，その期間における企業の財務業績を非常に要約して描写している。

しかしながら，IASBでは，なし崩し的にリサイクリング（☞Q36）しない項目を増加させており，当期純利益の中身は変容してきていることに留意する必要があります。さらに，2018年改正のIASB概念フレームワークでは，ある期間にOCIに含められた収益・費用が，将来の期間において，OCIから損益計算書にリサイクリングされることを原則としていますが，たとえば，リサイクリングする期間や金額を識別する明確な基準がない場合，IASBは，リサイクリングしないことを決定することがあるとしています。リサイクリングしない余地を明示したことは，これまで以上に，リサイクリングしないIFRSが堂々と開発される可能性が生じたことを意味します（☞Q37）。

34 包括利益(1)─日本

Q 日本では，リサイクリング（組替調整）しないという問題を避けるために個別財務諸表において包括利益を表示していないのでしょうか。

【関連会計基準等】ASBJ 討議資料，包括利益基準

A いいえ。包括利益の表示は，当期純利益の計算方法を変更するものではなく，それを表示していなくても，利益剰余金へ直接的に振り替えれば，リサイクリングしない場合と同様に，当期純利益の内容は変質することになります。

解　説

1　個別財務諸表における包括利益の表示

日本では，2010年6月公表の包括利益基準において，個別財務諸表における包括利益（定義について☞Q32，☞Q39）の表示については，公表から1年後を目途に判断することとするとされていました。そして，2012年6月改正の包括利益基準では，個別財務諸表への適用に関して市場関係者の意見が大きく分かれている状況や，個別財務諸表の包括利益に係る主な情報は現行の株主資本等変動計算書から入手可能でもあること等を総合的に勘案し，当面の間，個別財務諸表に適用しないこととしています。

2　個別財務諸表における包括利益の表示への懸念

2012年6月改正の包括利益基準の検討にあたっては，「単体財務諸表に関する検討会議」（単体検討会議）から2011年4月に公表された報告書の内容を十分に斟酌しつつ審議を進めたものとされています。

単体検討会議は，2010年8月までの企業会計審議会における議論を踏まえて，2010年9月に公益財団法人財務会計基準機構（FASF）に設置され，個別財務諸表における包括利益の表示のほか，開発費の資産計上，のれんの非償却（☞Q76），退職給付会計における未認識項目の負債計上（☞Q57，Q89）も議論していました。この単体検討会議の報告書において，包括利益は，当面，個別財務

諸表本表において表示すべきではないとの意見が多く見られたとしていました。
　その意見の中には，包括利益の問題については，表示の問題にとどまらず，リサイクリングや利益概念の問題と密接に関係し，これらの問題を整理することなく，包括利益の表示を行うことは時期尚早であるという考え方も示されています。これは，その他の包括利益（OCI）をリサイクリングしない IFRS が増加しており，そこでの当期純利益の内容が変質してきていることが背景にあると考えられます（☞ Q37）。
　包括利益を表示しなければ，1 つの財務諸表のセットの下で，当期純利益と株主資本との間における 1 つのクリーンサープラス関係（☞ Q31）だけを保てばよいので，リサイクリングしないという懸念はないように見えます。しかし，体系性のない IFRS の取扱いのように，評価・換算差額等（その他の包括利益累計額）から利益剰余金へ直接的に振り替えれば，それはダーティーサープラス（☞ Q31）となり，リサイクリングしないことと同様になりますので，包括利益を表示しなくても，当期純利益の内容は変質します。

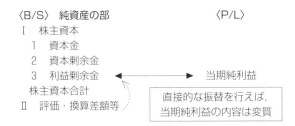

　改正包括利益基準に意見として記載されているように，包括利益の表示は，当期純利益の計算方法を変更するものではありません。リサイクリングの議論と包括利益の表示の議論は，別であると考えるべきでしょう。
　なお，ASBJ 討議資料第 3 章では，以下の理由から，純利益と並んで包括利益にも，財務諸表の構成要素としての独立した地位を与えています。
(1) 今後の研究の進展次第では，包括利益にも純利益を超える有用性が見出される可能性もあること。
(2) 純利益に追加して包括利益を開示する形をとる限り，特に投資家を誤導するとは考えにくいこと。
(3) 国際的な動向にあわせること。

35 包括利益(2)—IFRS

Q IFRSでは，包括利益の有用性は高く，重要な業績指標であると考えているのでしょうか。

【関連会計基準等】IASB概念フレームワーク，IAS第1号

A いいえ。IFRSでは，包括利益を分解し，経常性や正常性を示す何らかの利益が有用であると想定し模索しているように思われます。

解説

1 IFRSにおける包括利益

IAS第1号「財務諸表の表示」において，「包括利益」とは，資本取引以外の取引や事象による一期間における資本（すなわち資産と負債の差額）の変動をいうとしています。このため，日本基準でも同様ですが，「包括利益」の金額は，資産・負債をどのように認識・測定するかによって変わってきます。

「包括利益」の定義は明確であるといわれることもありますが，資産・負債の認識・測定が決まらなければ，その中身は決まらないため，その定義は何も意味していないことに留意する必要があります。たとえば，企業会計原則に示す資産・負債の認識・測定を行えば，資本取引以外の資本の変動を「包括利益」とよんでも，中身は企業会計原則の当期純利益と同じになります。

2 IFRSにおける包括利益の有用性

2018年改正のIASB概念フレームワークにおいて，財務業績は，包括利益や当期純利益，その他の用語によって表現されているという記述が見られますが，損益計算書は，その期間における企業の財務業績に関する主要な情報源であり，当期純利益は，その期間における企業の財務業績を非常に要約して描写しているとしています（☞Q33）。多くの財務諸表利用者は，その分析の出発点として，または当期の企業の財務業績の主たる指標として，当期純利益を分析に組み込んでいるとしています。このため，包括利益は，有用性が高いとか重要な業績

指標であるとは考えられてはいません。

3 IFRS における段階利益

他方，2018年改正の IASB 概念フレームワークでは，当期の財務業績を理解するには，認識されたすべての収益・費用の分析が必要であり，また，収益・費用の内訳項目（component）が異なる性格を有し別個に識別される場合は，当該内訳項目に，分類が適用されるとしています。

実際に IFRS では，IFRS 第5号における非継続事業からの損益の区分表示のほか，IFRS 第9号「金融商品」や改正 IAS 第19号「従業員給付」におけるその他の包括利益（OCI）（☞ Q37）への分類のように，OCI への区分を含む何らかの形で，異常な項目を区分していこうという動きが見られます。

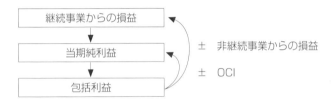

これは，経常性や正常性を示す何らかの利益が有用である，すなわち，将来キャッシュ・フローの予測に役立つと想定し模索しているように思われます。ただし，それが以下のいずれかによって，企業会計の体系が異なります。

(1) 「包括利益」に加えて，総合的な業績指標を示す「当期純利益」を示しながら，さらに当期純利益を構成する項目を分解する。

(2) 「包括利益」を構成する項目を，単に分解する。

まず(1)は，当期純利益と資本の間にクリーンサープラス関係（☞ Q31）を保ちながら段階利益を示すものであり，リサイクリング（☞ Q36）を前提としています。

これに対し，(2)は，当期純利益に関しクリーンサープラス関係を必要とせず，したがって，リサイクリングを前提としていません。前述した IFRS は，この立場と考えられますが，段階的な利益は，クリーンサープラス関係を満たす包括利益と当期純利益を並存しつつ，分解して示すことも可能です。このため，(2)の手法には問題があるものと考えられます。

その他の包括利益（OCI）とリサイクリング—日本

Q 日本では，なぜリサイクリングを必要としているのでしょうか。

【関連会計基準等】ASBJ 討議資料，包括利益基準

A 日本では，クリーンサープラス関係を保った包括利益と当期純利益という2つの利益を1組の財務諸表で示す利益開示の仕組みを採っているためと考えられます。

解説

1 その他の包括利益（OCI）

2013年9月改正の包括利益基準において，OCIとは，包括利益（☞ Q32, Q39）のうち当期純利益（☞ Q32）に含まれない部分をいうとしています。このため，以下の算式の関係にあります（IFRSにおいては，☞ Q33）。

　　　包括利益 − 当期純利益 ＝ OCI

これを展開すれば，以下の算式の関係になりますが，OCIは2つの利益のズレにすぎないことに留意する必要があります。

　　　当期純利益 ＋ OCI ＝ 包括利益

もっとも，表示においては，この関係が前提とされていますので，2計算書方式の場合，以下のようなイメージになります。

```
<連結貸借対照表>                <連結損益計算書>
純資産の部                      当期純利益（＊1）              ××
  株主資本                        非支配株主に帰属する当期純利益（＊2） ××
    利益剰余金      ◀─────       親会社株主に帰属する当期純利益（＊3） ××
    その他の包括利益累計額       <連結包括利益計算書>
    非支配株主持分（☞ Q38） ◀─   当期純利益                      ××
                                  その他の包括利益                ××
                                  包括利益                        ××
```

（＊1）以前の少数株主損益調整前当期純利益
（＊2）以前の少数株主損益
（＊3）以前の当期純利益

2　リサイクリングの必要性

　収益・費用の認識される時期（タイミング）が一致しない場合には，純利益と包括利益が異なることになります。また，資本の範囲（スコープ）が異なれば利益の範囲が異なるため，認識時期が同じでも，その意味することは変わってきますが，ここでは，議論の単純化のために，資本の範囲を同じとします。

　まず，企業会計原則やIASB概念フレームワークのように，単一の利益を開示する（1つのクリーンサープラス関係（☞Q31）を保つ）枠組みであれば，OCIは計上されず，また，これを組み替えるリサイクリングも不要になります。次に，以下の間にクリーンサープラス関係をそれぞれ保った2つの利益を2組の財務諸表で示す場合も，OCIは計上されず，また，リサイクリングも不要です。

(1)　純利益と株主資本との間
(2)　包括利益と純資産との間

　しかし，それらを1組の財務諸表で示す場合，純利益の累計額と包括利益の累計額とが通算すれば一致するように，当期または過年度における2つの利益のズレの部分，すなわち，OCIを純利益に組み替えるリサイクリングが，手続上，必須となります。この結果，包括利益の二重計上が避けられます。このように，包括利益と，クリーンサープラス関係を保った総合的な業績指標である当期純利益を表示するという利益開示の仕組みからは，手続として，リサイクリングが必ず行われることとなります。

　日本では，クリーンサープラス関係を保った包括利益と当期純利益とを1組の財務諸表で示す利益開示の仕組みを採っているため，リサイクリングを必要としています（この仕訳例については，章末「より理解を深めるために④」参照）。

	単一の利益開示	2つの利益開示	
開示される利益	包括利益または純利益	包括利益および純利益	
クリーンサープラス関係	1つ	2つ	
提供される財務諸表のセット	1つ	2つ	1つ
OCIが計上されるか	いいえ	いいえ	はい
リサイクリングされるか	いいえ	いいえ	はい

その他の包括利益（OCI）とリサイクリング—IFRS

Q 2018年改正のIASB概念フレームワークでは，原則としてOCIをリサイクリングすることとしたため，今後は，リサイクリングしない会計基準は開発されなくなるのでしょうか。

【関連会計基準等】IASB概念フレームワーク，IAS第1号

A リサイクリングしない余地を明示したことは，これまで以上に，リサイクリングしないIFRSが堂々と開発される可能性が生じたことを意味します。

解説

1 IFRSにおけるその他の包括利益（OCI）とリサイクリング

IAS第1号「財務諸表の表示」では，以下のように定義しています。
(1) 包括利益とは，資本取引以外の取引や事象による一期間における資本（すなわち資産と負債の差額）の変動をいう（☞Q35）。
(2) OCIとは，他のIFRSにより当期純利益に認識されない収益・費用をいう（☞Q33）。
(3) 当期純利益とは，OCIの項目を除く，収益から費用を控除したものの合計をいう（☞Q33）。

IAS第1号では，リサイクリング（☞Q36）は，他のIFRSによって特定されているとしていますが，その考え方を明示していません。

2 IASB概念フレームワークにおけるリサイクリングの取扱い

2018年改正のIASB概念フレームワークでは，リサイクリングしたりしなかったりするIFRSがあるのは，以下のように，IASBが異なる時期の問題に対して異なるアプローチをとったために生じたとしています。

アプローチ	リサイクリング
1つの財務業績計算書として，収益・費用の各項目は一度だけあらわれる。	禁止
すべての収益・費用は，どこかの時点で損益計算書に含められる。	必要

2018年改正のIASB概念フレームワークでは，損益計算書が当期の財務業績に関する主要な情報源である場合，その計算書に含まれる累積的な金額は，可能な限り完全である必要があるとしています。このため，リサイクリングを原則とし，これは，そうすることが以下のときに行われるとしています。
(1) 損益計算書が，より関連性のある情報を提供する（☞ Q15）。
(2) 損益計算書が，将来の期間における財務業績をより忠実に表現する（☞ Q16）。

しかし，たとえば，リサイクリングする期間や金額を識別する明確な基準がない場合，IASBは，基準開発の際に，OCIに含まれていた収益・費用を，その後，リサイクリングしないことを決定する場合があるとしています。そのような場合，リサイクリングのための適切で恣意的でないベースがなければ，リサイクリングは有用な情報を提供しないであろうとしています。

（＊） ただし，具体的なガイダンスは含まれていない。

2018年改正のIASB概念フレームワークが，このように原則を示したことは改善ではあるものの，例外の判断基準は，抽象度の高い基本的な質的特性（関連性，忠実な表現）を満たすかどうかであり，具体的なガイダンスもない中で，基準開発に役立つのかどうかは定かではありません。

また，前述したように，IASBが，時として異なるアプローチをとったため，一貫した扱いとはなっていないと省みたことは一歩前進です。しかし，2018年改正のIASB概念フレームワークがリサイクリングしない余地を明示したことは，これまで以上に，リサイクリングしないIFRSが堂々と開発される可能性が生じたことを意味します。

非支配株主持分

Q IFRSでは,経済的単一体説を採っているため,非支配株主持分を資本としているのでしょうか。

【関連会計基準等】IASB概念フレームワーク,連結基準,IAS第1号,IAS第27号,IFRS第10号

A いいえ。IFRSでは,経済的単一体説を採っているからではなく,非支配株主持分は,負債の定義を満たさないため資本としています。

解説

1 IFRSにおいて非支配株主持分を資本としている理由

IFRSでは,2008年にIAS第27号(現行のIFRS第10号「連結財務諸表」)を改正し,「少数株主持分」(minority interest)という用語を「非支配株主持分」(NCI：non-controlling interest)に改めています。これは,少数株主であっても他の企業を支配し親会社となることがあり得るため,より正確な表現とするものとされています。

IFRSにおいて,非支配株主持分を資本としているのは,非支配株主持分が,IASB概念フレームワークにおける負債の定義を満たさないためとしています。さらに,IFRS第10号では,非支配株主持分は,企業集団内の子会社の一部の株主が保有する当該子会社の純資産に対する残余持分を表しており,資本の定義を満たすとしています。経済的単一体説が,資本に関して,企業集団を構成するすべての連結会社の株主の持分を反映させる考え方（☞Q59）であるとすれば,経済的単一体説を採っているといえるでしょう。

このため,IFRSでは,親会社説ではなく経済的単一体説を採っているからという説明も見受けられますが,IFRS第10号では,この会計処理をそのように性格づけてはおらず,経済的単一体説と親会社説の包括的検討はしなかったとしています。

2 非支配株主持分を資本とすることについての問題点

　非支配株主持分を資本とすると，親会社株主に係る損益が把握しにくくなることや，本来的に親会社株主と非支配株主とは異なるため問題であるという意見があります。しかし，IAS 第 1 号「財務諸表の表示」でも，親会社株主持分に関する情報は重要であるとしており，以下を区分開示することとしています。

IAS第1号	区 分 開 示 の 定 め
54項	資本の中で，親会社株主持分と非支配株主持分との区分開示
83項	親会社株主に帰属する利益と非支配株主に帰属する利益との区分開示
106項	支配の喪失とならない子会社に対する親会社株主持分の変動が，親会社株主持分に与えた影響を（同じ資本取引であっても）別個の明細表による開示

　そうであれば，非支配株主持分を「純資産」としながら「株主資本」とは区別するような対応がベターではあります。しかし，上述の対応でも許容範囲といえるかもしれません。また，非支配株主持分を資本とすると，全部のれんの計上につながるという懸念もありますが，その場合でも，明確に区別されていれば致命的ではないと考えられます（☞ Q50）。

　日本でも，2013 年 9 月改正の連結基準では，非支配株主との取引によって生じた親会社の持分変動による差額を資本剰余金とすることとしており，それは，非支配株主持分を資本とすることを意味しています。これは，親会社株主に係る情報を引き続き区分して開示しつつ，実務上の課題（たとえば，全面時価評価法の下で，自社の株式を対価とする追加取得におけるのれんの計上や，子会社の時価発行増資等に伴い生ずる親会社の持分変動差額の取扱い）に対応し，財務報告の改善を総合的に図るものと考えられます。

　しかし，IFRS では，非支配株主持分が負の残高となる場合でも，持分比率に応じて処理することとしています。この理由として，非支配株主は子会社に資産を拠出する追加的な義務はないものの，親会社もそうであり，必ずしも子会社の負債について責任を負っていないことを挙げています。しかしながら，その取扱いは，企業の将来キャッシュ・フローを得る権利の異なる親会社株主と非支配株主との立場を無視するものであり，かつ，前述のような区分表示では補えないため問題があると考えられます。

自社の株式を対象としたオプション(1)—新株予約権

Q 日本では，新株予約権が失効したときは，利益に計上されますが，IFRSでは利益に計上されないのは，なぜでしょうか。

【関連会計基準等】純資産基準，包括利益基準，連結基準，IASB概念フレームワーク，IAS第32号，FRS第2号

A IFRSでは，新株予約権が資本とされているため，失効したときに，当期純利益にも包括利益にも計上されないこととなります。

1 日本での取扱い

収益・費用の認識される時期（タイミング）が一致しない場合には，純利益と包括利益が異なることになります。また，クリーンサープラス関係（☞Q31）を前提とした場合，資本の範囲が異なれば，利益の範囲（スコープ）が異なります。純資産基準では，以下の理由により，新株予約権は，純資産の部に株主資本とは区分して記載することとされています。

(1) 発行者側の新株予約権は，権利行使の有無が確定するまでの間，その性格が確定しないものの，返済義務のある負債ではない。
(2) 新株予約権は，報告主体の所有者である株主とは異なる新株予約権者との直接的な取引によるものであり，親会社株主に帰属するものではない。

これを踏まえて，ストック・オプション基準や金融商品基準では，新株予約権が失効した場合，株主との直接的な取引によらない株主資本の増加であるため，これを当期純利益に計上した上で株主資本に算入することとしています。

他方，包括利益基準において，「包括利益」とは，ある企業の特定期間の財務諸表において認識された純資産の変動額のうち，当該企業の純資産に対する持分所有者との直接的な取引によらない部分をいう（☞Q32）としており，「当該企業の純資産に対する持分所有者との直接的な取引によらない部分」については，新株予約権の失効による戻入分のように，資本取引と損益取引のいずれ

にも解釈し得る取引の場合、前述のような具体的な会計処理を定めた会計基準に基づいて判断することとなるとしています。

このため、包括利益基準において、新株予約権の失効は、現行の会計基準を斟酌すれば、包括利益の算定においても、「持分所有者との直接的な取引によらない部分」とされているものと解することとなるとしています。これは、本来、資本の範囲が異なれば、利益の範囲が異なる（☞Q31）ものの、包括利益と純利益の差を認識の時期だけに絞ることにより、包括利益の開示に伴う副作用を抑えた実践的な対応と考えられます。

項　目	減少（例：無償で消却した場合の仕訳イメージ）
株式	資本取引（資本金　　××／その他資本剰余金××）
新株予約権	損益取引（新株予約権××／新株予約権戻入益××）
社債	損益取引（社債　　　××／社債免除益　　　××）

なお、2013年9月改正の連結基準では、非支配株主との取引によって生じた親会社の持分変動差額を資本剰余金とすることとしています（☞Q38）。

2　IFRS での取扱い

IAS 第32号「金融商品：表示」において、自社の株式を対象とした売建コールオプション（自社株コール）のうち、固定額の現金等の資産と固定数の自社の株式との交換（固定対固定の条件）で決済またはその可能性がある取引は、自社の株式の発行や取得という資本取引の性格を有しているため、当該条件を含む契約を資本と考えています（☞Q40）。このため、通常の新株予約権は、IFRS において資本とされます。

IFRS 第2号「株式報酬」において説明されているように、資本とされた新株予約権が失効しても、株式の消却と同様、資本の中で振替が生じるだけとなります。逆に、利益に計上されるのは、社債免除益のように、その項目が資本ではなく負債となる場合のみとなります。このように、IFRS では、新株予約権が資本とされているため、失効したときに、当期純利益にも包括利益にも計上されないこととなります。ただし、ストック・オプションにおいて、権利不確定による失効の見積数を見直した場合の差額は、当期純利益に計上することとされています（☞Q80）。

自社の株式を対象としたオプション(2)―自社株プット

Q IFRSでは,自社の株式を対象とした売建プットオプション(自社株プット)の受取プレミアムも,新株予約権のような自社株コール(☞ Q39)と同様に,資本とされるのでしょうか。

【関連会計基準等】IASB概念フレームワーク,IAS第32号

A IFRSでは,決済方法により異なり,総額現物決済の場合,自社株プットの受取プレミアムは資本とされますが,同時に,その償還金額(行使価格の現在価値)の金融負債を生じさせるとしています。

解 説

1 自社株プットにおける受取プレミアムの会計処理

自社株プットは,行使時における自社の株式の公正価値が行使価格よりも上回っている状態(イン・ザ・マネー)であれば,その保有者は行使せず,発行者は受取プレミアムを享受できます。このため,米国などでは,将来の株価に自信のある企業は,自社株プットを発行することがあるといわれています。日本では,自社株プットの取引があまり見られないこともあり,会計処理は明示されていませんが,IFRSでは,IAS第32号「金融商品:表示」において,原則として,以下を金融負債としています。

(1) 現金その他の金融資産を支払う契約上の義務,または,金融資産・負債を潜在的に不利な条件で他の企業と交換する契約上の義務

(2) 固定額の現金その他の金融資産と固定数の自社の株式との交換(固定対固定の条件(fixed for fixed condition))以外の方法で,決済またはその可能性があるもの

IAS第32号では,新株予約権のような自社株コール(☞ Q39)のように,「固定対固定の条件」で決済またはその可能性がある取引は,自社の株式の発行や取得という資本取引の性格を有しているため資本と考えています。他方,(2)のように,この条件を満たしていない契約は,自社の株式をいわば通貨として用

いるため，金融資産・負債と考えています。このため，決済方法の相違により，自社株プットの受取プレミアムは，以下のように扱われます。

決済方法	受取プレミアムの構成要素
① 不利な差額を現金で決済する（現金純額決済）	負債
② 不利な差額を自社の株式で決済する（株式純額決済）	負債
③ 固定数の自社の株式を受け取り，固定額の現金を引き渡す（総額現物決済）	資本
④ ①－③を選択できる（決済オプション）	負債

2 自社株プットにおける償還金額の会計処理

自社株プットの会計処理を，簡単な設例で確認しましょう。

> [設例] A社は，自社の株式の公正価値が100であるとき，行使価格90の自社株プットを発行し，20のプレミアムを受け取ったものとする。

	当初測定	事後測定
①現金純額決済の場合	金融負債を20計上	毎期，公正価値評価し，合計10の損失を計上 ⇒決済時に30の支払
②株式純額決済の場合	金融負債を20計上	毎期，公正価値評価し，合計10の損失を計上 ⇒決済時に30の資本増加

これに対し，③の総額現物決済の場合，IAS第32号では，その償還金額（たとえば，オプション行使価格の現在価値）の金融負債を生じさせるとしています。これは，相手方がオプションを行使すれば行使価格の全額を支払う義務を負っているためとしています。したがって，当初認識時における償還金額90の現在価値を80とした場合，次のように処理されます。

	借方		貸方	
当初認識時	現　金	20	資　本	20
	資本（自己株式）	80	負　債	80
事後測定	費　用	10	負　債	10
行使時				
（行使されず消滅した場合）	負　債	90	資本（自己株式）	80
			資本（自己株式処分差益）	10
（行使された場合）	負　債	90	現　金	90

資本から負債への振替

Q IFRSでは，資本から負債に振り替えた場合，その後の負債の変動は，資本取引ではないため損益に計上されると考えてよいでしょうか。

【関連会計基準等】IASB概念フレームワーク，IAS第32号，IFRS第9号

A IFRSでは，資本から振り替えた金額の修正の場合には，負債と資本が変動すると解釈している場合もありますが，負債と資本の間の富の移転を認識するときには，利益を通じて行うべきでしょう。

解 説

1 資本から負債への振替(1)―自社株フォワード

自社の株式を購入する義務を含んだ契約（自社株フォワード）の当初測定は，IAS第32号「金融商品：表示」により，自社株プット（☞Q40）と同様に，その償還金額の現在価値を金融負債とすることになります。IAS第32号では，自社の株式の購入義務により，対象となる自社の株式は満期を有することとなるため，その義務の範囲において資本ではなくなるとしています。

次に，事後測定については，当該金融負債をIFRS第9号「金融商品」に従って測定し，差額を当期純利益に反映します。また，行使されず消滅する場合には，当該金融負債の簿価を資本に振り替えます。

[設例1] 行使価格90の自社株フォワードを締結した。これは，固定数の自社の株式を受け取り固定額の現金を引き渡す方法で決済されるものとする。（IAS第32号設例1 IE5項を修正）

	借　　　方		貸　　　方	
当初認識時	資　本　(＊1)	80	負　債	80
事後測定	費　用	10	負　債　(＊2)	10
決済時	負　債	90	現　金	90

（＊1） 行使時に90を引き渡す義務の現在価値を80とする。
（＊2） 償却原価で測定する場合には，実効金利法により利息費用を計上する。

2 資本から負債への振替(2)—現物配当

2008年11月に公表されているIFRIC第17号「所有者に対する非現金資産の分配」では、所有者に対して、現金以外の資産の配当（現物配当）を行う企業が配当を宣言し、関係する資産を企業の所有者に分配する義務を有している場合には、負債として未払配当金を認識するとしています。すなわち、配当が適切に承認され、もはや企業の自由裁量ではなくなったときに未払配当金を認識するものとし、分配される資産の公正価値で測定するものとしています。

また、IFRIC第17号では、期末時および決済時において、未払配当金の簿価を見直し、その変動を分配額の修正として資本に認識するものとしています。さらに、IFRIC第17号では、決済時において、分配される資産の簿価と未払配当金との差額を当期純利益に認識するものとしています。

[設例2] 現物配当が決定され、分配される資産の時価が80（簿価は50）であった。

	借　　方		貸　　方	
当初認識時	資　本	80	負　債	80
事後測定	資　本	10	負　債（＊）	10
決済時	負　債（＊）	90	資　産	50
			利　得	40

（＊）決済時に分配される資産の時価は90であったものとする。

このように、IFRIC第17号では、各期末日および決済日に、未払配当金の簿価を見直し、その修正は、分配の価値の見積りの変更を反映するものであるため、所有者に対する分配金額の調整として認識されるとしています。これは、その計算プロセスはともかく、考え方としては、当初、資本から振り替えた取引（資本取引）の金額を修正し、その結果、当該取引の相手勘定である資産・負債が増減するという見方をしていると考えられます。

しかし、IFRIC第17号に至る公開草案に対するコメント提出者の中には、負債の変動は、IASB概念フレームワークの収益・費用の定義に合致するため、未払分配金の変動は当期純利益に認識すべきであるというものもありました。これは、1で示した自社株フォワードの処理と同じ考え方であり、負債と資本の間の富の移転を認識する場合には、利益を通じて行うべきでしょう。

負債から資本への振替

Q IFRS において負債から資本に振り替える場合，交換が生じるため，交換損益が計上されると考えてよいでしょうか。

【関連会計基準等】IASB 概念フレームワーク，IAS 第32号，IFRS 第9号

A 必ずしも明確な説明はありませんが，交換損益が計上されない場合とされる場合があります。

解 説

1 負債から資本への振替(1)―転換社債型新株予約権付社債（CB）

CB について，IAS 第32号「金融商品：表示」では，区分法によるものとしていますので，当初認識時において負債と資本に区分します。この際，IAS 第32号では，当初認識時に負債と資本とに按分された簿価の合計は，この金融商品全体としての公正価値と等しく，金融商品の構成部分の当初認識によって利得・損失が発生することはないとしています。

また，IAS 第32号では，CB の負債部分と資本部分への分類は，その転換権行使の可能性が変化しても修正されることはないとしており，また，転換において負債を資本として認識し，利得・損失は生じないものと考えられます。

2 負債から資本への振替(2)―デット・エクイティ・スワップ（DES）

債務者と債権者が金融負債の条件を再交渉し，その結果として債務者が債権者に資本性金融商品を発行することにより金融負債を消滅させる DES における債務者の会計処理については，2009年11月に公表された IFRIC 第19号「資本性金融商品による金融負債の消滅」が扱っています。

まず，IFRS 第9号「金融商品」では，消滅または他に移転された金融負債の簿価と，支払対価との差額は，当期純利益に認識するとしています（☞ Q98）。IFRIC 第19号では，DES において発行した資本性金融商品は，ここでいう支払対価に該当するとし，原則としてその公正価値で測定し，消滅した金

融負債の簿価との差額を当期純利益に認識するとしています。

この際，IFRIC 第19号では，IFRS の一般原則は，IASB 概念フレームワークにおいて，資本は残余であるため直接測定せず，それに見合う資産・負債の増減を参照して測定すべきであるとしています（☞ Q51）が，IFRS 第9号での記述から，発行した資本性金融商品は支払対価であるため，その公正価値で測定するものとしています。

3 負債から資本への振替(3)——設例による比較

CB と DES は，いずれも負債から資本へ振り替える取引ですが，交換損益の認識は異なっています。

[設例] 金融負債100を減少させ株式を発行した。当該株式の公正価値は，120（ケース1）または70（ケース2）であったものとする。

	借　　方		貸　　方	
ケース1-1およびケース2-1	負　　債	100	資　　本	100
ケース1-2	負　　債 損　　失	100 20	資　　本	120
ケース2-2	負　　債	100	資　　本 利　　得	70 30

ケース1-1がCBにおけるIAS 第32号の処理であり，ケース2-2がDESにおけるIFRIC 第19号の処理となります。IFRIC 第19号では，資本性金融商品を発行することにより金融負債を消滅させることが金融負債の当初の条件に従ったものである場合には，IAS 第32号がすでに具体的なガイダンスを含んでいることに留意して，IFRIC 第19号の適用範囲外としています。しかし，IAS 第32号で示されているCBでは，なぜ負債の簿価で資本を増加させ，転換において利得・損失は生じないのかについては明確にされていません。

日本では，同じ交換でも，その期待によって相違すると考えられています。
(1) CB では，当初の期待に沿ってイン・ザ・マネーの場合に資本性金融商品が発行されるため，簿価で引き継がれ損益は生じない。
(2) DES では，当初の期待ではないアウト・オブ・ザ・マネーの場合に資本性金融商品が発行されるため，損益が生じる。

より理解を深めるために④

　日本基準とIFRSの大きな相違の1つとして，その他の包括利益（OCI）とリサイクリングが挙げられます。これは，ASBJが公表している修正国際基準（国際会計基準と企業会計基準委員会による修正会計基準によって構成される会計基準）においても，削除または修正の項目とされています。これを，以下の［設例］により確認しましょう。

> ［設例］
> - X1年に，A社株式を10で取得し，「その他有価証券」とした。
> - X1年末におけるA社株式の時価は15であった。
> - X2年に，A社株式を15で売却した（売却益は5）。

時　点	借　方		貸　方	
X1年末	その他有価証券	5	OCI	5
X2年 ［処理1］	OCI	5	その他有価証券	5
	現金	15	その他有価証券 売却益	10 5
［処理2］	現金	15	その他有価証券	15
	OCI	5	売却益	5

　いずれの場合も，売却益は5になりますが，実務で用いられている［処理1］の期首洗替方式では，リサイクリングの処理が仕訳上，明示されません。期首に洗替をしない［処理2］の2つ目の仕訳が，リサイクリングの処理になります。この結果，フローの計算書（包括利益計算書）を通じて，X2年末の貸借対照表では，利益剰余金が5となります。

　これに対して，リサイクリングをしない場合において，［処理2］と同様，期首に洗替をしないときのX2年における仕訳は以下となり，純資産の中で直接，その他の包括利益累計額（AOCI）から利益剰余金に振り替えるときに，2つ目の仕訳が加わります。

時　点	借　方		貸　方	
［処理2］ （期首に洗替を しない場合）	現金	15	その他有価証券	15
	AOCI	5	利益剰余金	5

第5章

資産・負債のオンバランス化
―投資の開始

資産の認識要件—繰延費用の資産性

Q 繰延費用は，費用を繰り延べているにすぎず，資産の定義を満たしていないと考えてよいでしょうか。

【関連会計基準等】ASBJ 討議資料，IASB 概念フレームワーク

A 繰延費用であっても，将来の便益が得られると期待できるのであれば，資産の定義には必ずしも反しておらず，もし資産計上しないとすれば，資産の定義によるのではなく，認識・測定の要件の問題によるものと考えられます。

解 説

1 資産の定義

2018年改正の IASB 概念フレームワークにおいて，「資産」とは，過去の事象の結果として，企業が支配する現在の経済的資源と定義されています。ここで，「経済的資源」とは，経済的便益を生み出す潜在能力を有する権利をいうとしています。

ASBJ 討議資料第3章でも，「資産」とは，過去の取引または事象の結果として，報告主体が支配している経済的資源をいうとし，「経済的資源」とは，キャッシュの獲得に貢献する便益の源泉をいうとしています。なお，ASBJ 討議資料第3章において，この定義は，財務報告の目的と財務諸表の役割に適合する限りで意味をもつとしています。そうした役割を果たさないものは，たとえこの定義を充足しても，財務諸表の構成要素とはならないとし，その例として，自己創設のれん（☞Q24）があるとしています。

2 資産の認識要件

資産の定義は，それを満たしただけで貸借対照表へ認識するものではありません。2018年改正の IASB 概念フレームワークでは，資産を認識するためには，構成要素の定義を満たし，かつ，その認識と結果として生じる収益・費用や資本の変動の認識が，財務諸表利用者に，関連性（☞Q15）があって忠実に表現

した（☞ Q16）情報を提供する場合に，それらを認識するとしています。すなわち，これまでの蓋然性や信頼性の要件を満たした場合に認識することは実務的ですが，主観的なフィルターであるため，2018年版では，そうではなく，質的特性を直接参照し，それらをどのように適用するかの指針を提供しています（☞ Q52）。

3　繰延費用の資産性

　伝統的には，投下資金としての原価の期間配分によって，資産の認識と測定を決めています（☞ Q29）。このため，項目によっては資産性に乏しいものが計上されていると指摘されることがあります。繰延費用についても，収益と費用との対応（☞ Q28）や期間利益の平準化といった観点から，すでに発生した費用を繰り延べているにすぎないという指摘も考えられます。

　しかしながら，ASBJ討議資料第3章では，一般に，繰延費用とよばれてきたものでも，将来の便益が得られると期待できるのであれば，それは，資産の定義には必ずしも反しておらず，その資産計上がもし否定されるとしたら，資産の定義によるのではなく，認識・測定の要件または制約によるとしています。これを受けて，ASBJ討議資料第4章では，財・サービスの消費があっても，資産の定義と認識・測定の要件を充足するものについては，繰延費用として資産に計上されることもあるとしています。

　なお，ASBJ討議資料第3章において，繰延収益は，「原則として，純資産のうち株主資本以外の部分となる」とし，負債ではないことが記述されています。これは，「負債」は，経済的資源を放棄または引き渡す義務であるためと考えられます（☞ Q52）。このように，資産の定義と負債の定義は対称的になっているわけではないことに留意する必要があります。

項　目	資産性または負債性
繰延費用	資産の定義を満たす（将来の便益が得られると期待できる場合）
繰延収益	負債の定義を満たさない

取引コストの取扱い

Q IFRSでは公正価値が重視されているため,取引コストは取得原価に含めないことになるのでしょうか。

【関連会計基準等】IASB概念フレームワーク,IAS第2号,IAS第16号,FRS第3号,IFRS第9号,IFRS第13号,IFRS第15号,IFRS第16号,IFRS第17号

A いいえ。IFRSでは,企業結合の取得関連コストのように,発生時に費用とすることは例外的であり,取引価格と一定の取引コストで当初測定し,取得時に損益としないことを原則としています。

解 説

1 公正価値と取引価格および取引コスト

IFRS第13号「公正価値測定」において,公正価値は,測定日において市場参加者間で秩序ある取引が行われた場合に,資産の売却によって受け取るまたは負債を移転するために支払う価格(出口価格)とされています。

IFRS第13号では,多くの場合,資産の取得または負債の引受に要した取引価格は,公正価値と等しくなるとしているものの,それらが相違する場合において,以下のときには,その差額を損益とするものとしています。

(1) 該当するIFRSが,公正価値による当初測定を要求または許容していること。

(2) 該当するIFRSが,別段の定めをしていないこと。

また,IFRS第13号では,公正価値を測定する際に,主要な(または最も有利な)市場における価格に,取引コストを調整しないものとしています。これは,取引コストが,資産・負債の特性ではなく,取引に固有のものであり,企業がどのように取引するかによって異なるためとしています。

以上から,IFRSにおいて当初測定は,原則として公正価値とし,取引価格との差額や取引コストは損益とするように見受けられます。

2 取引コストの取得原価算入

ただし，IFRSでは，公正価値評価を重視しているわけではありません（☞Q22）。また，IAS第2号「棚卸資産」やIAS第16号「有形固定資産」のみならず，最近では，以下のように，取引コストを取得原価に含める（すなわち，資産・負債とする）こととしています。

IFRS	取引コストの取扱い
2014年5月公表のIFRS第15号「顧客との契約から生じる収益」	顧客との契約を獲得しなければ発生しなかったであろう増分コストが回収可能であれば資産に計上し，関連する財・サービスの移転にあわせて規則的に償却する。
2014年7月公表の改正IFRS第9号「金融商品」	IAS第39号と同様に，手数料やプレミアム・ディスカウントとともに取引コストも実効金利の計算に含め，予想キャッシュ・フローを実効金利で割り引いた現在価値として償却原価を算定し，実効金利法で金融商品の関連期間にわたり配分する。
2016年1月公表のIFRS第16号「リース」	IAS第17号と同様に，借手は，初期直接原価（IDC）を使用権資産に含め，減価償却する。
2017年5月公表のIFRS第17号「保険契約」	保険獲得キャッシュ・フローを，保険契約負債を構成する履行キャッシュ・フローに含め，各期に配分する。

これらは，そのコストが生じなければ取引が生じず，また，回収されるように価格設定される限り，IASB概念フレームワークの資産の定義を満たし認識要件（☞Q43）も満たすためと考えられます。2018年改正のIASB概念フレームワークでは，取得時における資産の歴史的原価は，取得に要した価値であり，それは，相手方への支払対価に取引コストを加算したものから構成されるとしています。

これに対して，IFRS第3号「企業結合」では，2008年の改正により，株式や債券の発行費を除き，取得関連コストを発生時に費用とすることとしています。それは，当該コストが，買手と売手が行う公正価値の交換の一部ではなく，むしろ買手が受けたサービスに対して支払う別個の取引であり，受けた便益はサービスを受領した時点で費消されるため，通常，取得日時点の取得企業の資産を表さないことによるとしています。

もっとも，IFRS第3号では，取引コストを費用認識する取扱いは他の基準や一般に認められた実務とは異なる例外的なものであるとしています。このためIFRSでは，原価ベースで測定する場合，むしろ取引コストを取得時に損益としないことを原則としています。

借入コストの取扱い

Q IFRSでは公正価値が重視されているため，借入コストは取得原価に含めないと考えてよいでしょうか。

【関連会計基準等】IASB概念フレームワーク，IAS第23号

A いいえ。IFRSでは，意図した使用または販売が可能となるまでに相当の期間を要する資産に対する借入コストは，取得原価に含めるものとしています。

1　IFRSにおける借入コストの取扱い

IAS第23号「借入コスト」では，適格資産の取得，建設または生産に直接起因する借入コストは，当該資産の取得原価の一部として資産化するものとしています。ここで，「適格資産」(qualifying asset) とは，意図した使用または販売が可能となるまでに相当の期間 (substantial period of time) を要する資産をいいます。状況によっては，棚卸資産，製造工場や発電施設，無形資産，投資不動産のいずれも適格資産となり得ますが，金融資産や短期間で製造される棚卸資産は該当しません。

また，借入コストには，以下が含まれます。

(1)　取得目的での特別な借入金
(2)　一般目的の借入金

(2)の場合，適格資産に係る支出に，利子率（適格資産を取得するために特別に行った借入を除く，企業の当期中の借入金残高に対する借入コストの加重平均）を乗じて，借入コストを算定します。

2　借入コストを取得原価に算入する理由

以前のIAS第23号では，適格資産の取得，建設または生産に直接起因する借入コストについて，①資産化することも，②即時に費用として認識すること

も認めていました。米国のSFAS第34号は，こうした借入コストの資産化を要求していたため，2006年に公表されたIASBとFASBと間の覚書（MoU）における短期コンバージェンスの一環として，IASBは，即時費用認識の選択肢を削除することとしました。

この際，IAS第23号では，即時費用認識の選択肢を削除し資産化のみにすることについて，以下のような説明をしています。

(1) 資産の開発中においては，使用された資源の支出のためには資金調達し，借入コストが発生するため，取得原価には，関連して必然的に生じたすべての原価を含めるべきであり，即時に費用として認識することは，その資産の取得原価の忠実な表現にならない。

(2) 企業の資本構成によって資産の原価が異なることになるため，比較可能性の向上にはならないという意見がある。しかし，借入で調達した企業と自己資本で調達した企業との間の比較可能性は乏しいが，自己資本以外で調達した資産の間では比較可能性を達成することになり，それは改善である。

(3) 米国基準との差異のうち1つだけしか扱っていないという批判があるが，プロジェクトの目的は，借入コスト全体についてコンバージェンスすることではなく，比較的短期間で解決できる差異を減少させることである。会計処理の選択肢を除去し，米国基準との間で原則面でのコンバージェンスを行うことは比較可能性を向上させる。

しかし，このような奇妙な説明を行うよりも，取引コスト（☞Q44）と同様に，事業投資（☞Q26）については，取得に関連して発生した支出を資産に計上し，投資の回収（収益認識）に対応（☞Q28）させて取得原価を費用とすることによって，投資の成果（利益）の算定が可能となるとするほうが説得力があるでしょう。この結果，実際の成果が示され，投資家による予測の確認や改訂（確認価値またはフィードバック価値）につながると考えられますので，投資家の意思決定に有用な情報になり得ると考えられます（☞Q15）。

46 除去コストの取扱い

Q 資産除去債務を負債として計上する際，これに対応する除去コストは価値がないにもかかわらず，なぜ資産に計上されるのでしょうか。

【関連会計基準等】資産除去債務基準，IAS 第16号，IAS 第37号

A 法律上の権利ではなく，また，財産的価値がない場合でも，他の有形固定資産とともに収益獲得に貢献するため，除去コストは資産の定義を満たし，認識要件も満たすと考えられています。

解 説

1 資産除去債務の取扱い

日本の資産除去債務基準でも IFRS でも，法律上の義務に基づく場合など，資産除去債務に該当する場合には，有形固定資産の除去に係る支払が不可避的であるため，資産除去債務の全額を負債として計上することとしています。

なお，有形固定資産の使用期間中に実施する修繕も，資産の使用開始前から予想されている将来の支出ですが，いずれの基準でも，資産除去債務とは区別しています。資産除去債務基準では，操業停止や対象設備の廃棄をした場合には不要となるという点で資産除去債務と異なる面があるためとしています。また，IAS 第37号設例11Bを踏まえると，修繕が法律上の要請であっても，修繕コストを負債としないのは，たとえば，対象設備の売却によって支出を回避できるためであるとされています。しかし，操業停止や廃棄はともかく，売却も想定して支出が不要となる点を強調するならば，未使用分に関わる除去コストは，通常，新たな買手が負担するため，当初から資産除去債務全額を負債に計上する必要性は乏しくなるでしょう。

2 除去コストの取扱い

資産除去債務の全額を負債として計上する場合，資産除去債務に対応する除去コストをどのように会計処理するかが論点となります。資産除去債務基準に

おいて、資産除去債務に対応する除去費用は、資産除去債務を負債として計上したときに、同額を、関連する有形固定資産の簿価に加えるとしています。資産計上された除去費用は、その後、減価償却を通じて、各期に費用配分されることになります。

IFRSにおいても、以下のように、資産に計上するものとしています。

(1) 有形固定資産の解体、除去コスト、敷地の原状回復のためのコスト、取得時または特定の期間に棚卸資産を生産する以外の目的で当該有形固定資産項目を使用した結果生ずるコストの当初見積額は、当該資産の取得原価を構成する（IAS第16号16項）。

(2) 特定の期間に棚卸資産を生産する目的で有形固定資産を使用した結果として当該期間に発生する解体、除去、敷地の原状回復のためのコストに対しては、IAS第2号「棚卸資産」を適用する（IAS第16号18項）。

このように、日本の資産除去債務基準でもIFRSでも、債務として負担している金額を負債計上し、同額を有形固定資産の取得原価に反映させる処理（資産負債の両建処理）を行うこととしています。

3　除去コストを資産に計上する理由

資産除去債務基準において、除去費用は、有形固定資産の稼動にとって不可欠なものであるため、有形固定資産の取得に関する付随費用と同様に処理することとしたとしています。また、これは、その有形固定資産への投資について回収すべき額を引き上げること、すなわち、除去費用を付随費用と同様に取得原価に加えた上で費用配分を行うことを意味しているとしています。さらに、資産効率の観点からも有用と考えられる情報を提供するものであるとしています。

このように、法律上の権利ではなく、また、財産的価値がない場合でも、他の有形固定資産とともに収益獲得に貢献するため、除去コストは、取引コスト（☞Q44）と同様に、資産の定義と認識要件（☞Q43）を満たすと考えられています。

47 開発コストの取扱い

Q 開発コストは,資産計上すべきでしょうか。
【関連会計基準等】研究開発費基準,IAS第38号

A 認識要件の蓋然性をめぐって議論がありますが,開発コストの費用処理が投資家に有用な情報を提供しているとは限らないとすれば,その会計処理を見直すことは考えられます。

解 説

1 IFRSにおける開発コストの取扱い

IAS第38号「無形資産」では,開発コストは,以下のすべての要件を立証できる場合には,資産として認識しなければならないとしています。

(1) 使用または売却できるように無形資産を完成させることの,技術上の実行可能性
(2) 無形資産を完成させ,さらにそれを使用または売却するという意図
(3) 無形資産を使用または売却できる能力
(4) 無形資産が蓋然性の高い将来の経済的便益を創出する方法(産出物またはそれ自体の市場の存在,内部使用予定の場合には事業への役立ち)
(5) 無形資産の開発を完成させ,さらにそれを使用または売却するために必要となる,適切な技術上,財務上およびその他の資源の利用可能性
(6) 開発期間中の無形資産に起因する支出を信頼性をもって測定できる能力

上記(1)から(5)までは,これまでのIASB概念フレームワークにおける資産の

認識要件（☞Q43）のうち，経済的便益をもたらす蓋然性の要件であり，(6)は測定の信頼性の要件であると考えられます。

2 日本における開発コストの取扱い

研究開発費基準において，研究開発費は，以下の理由から，すべて発生時に費用として処理しなければならないとしています。

(1) 研究開発費は，発生時には将来の収益を獲得できるか否かが不明であり，また，研究開発計画が進行し，将来の収益の獲得期待が高まったとしても，依然としてその獲得が確実であるとはいえないこと。

(2) 実務上，客観的に判断可能な要件を規定することは困難であり，抽象的な要件のもとで資産計上を求めることとした場合，企業間の比較可能性が損なわれるおそれがあること。

このように，日本では，前述したIFRSでの取扱いと異なり，経済的便益をもたらす蓋然性の要件を客観的に判断することが困難であり，比較可能性（☞Q17）や恣意性への懸念から，一律に発生時の費用処理が採用されています。これは，米国基準も同様です。

3 開発コストの資産性

会計基準上，研究コストは費用とすること，製造コストは資産とすることで合意されていますが，開発コストについては相違が見られます。この際，いくつかの実証研究では，会計上，費用処理されていても，市場の評価では資産計上されていると見たほうが，より良く説明できるとしていることに留意する必要があります。

概念フレームの考え方からすれば，資産計上すべきか否かの判断にバラつきがあったとしても，費用処理が投資家に有用な情報を提供しているとは限らないとすれば，その会計処理を見直すことは考えられます。もっとも，内部管理上，開発コストを把握したり分析したりすることに問題があるとすれば，会計情報の有用性（☞Q14）の問題ではない論点が，実務上，存在していることになります。さらに，日本では，資産計上に変更した場合，課税関係が変更され企業の支出が増加する可能性も懸念されているようです。

改良コストの取扱い

Q IFRS では，固定資産の改良に要したコストは，いわゆる資本的支出として資産に計上されるでしょうか。

【関連会計基準等】IAS 第16号，IAS 第38号

A はい。改良コストは，資産の定義と認識要件を満たした場合には，資産計上されます。

解 説

1 有形固定資産の改良コストの取扱い

有形固定資産の改良コストについて，IAS 第16号では，以下を満たす場合に資産として認識するとしています。

(1) 当該項目に関連する将来の経済的便益が企業に流入する可能性が高いこと（蓋然性の要件）。

(2) 取得原価が信頼性をもって測定できること（信頼性の要件）。

IAS 第16号では，2003年改訂前において，有形固定資産の事後的な支出は，当初評価された機能水準を超えて資産の状態を改善する場合に限って，資産として認識されるとしていました。しかし，2003年改訂の IAS 第16号では，以下の理由から，事後的な支出について特別な認識原則は必要ないとしています。

(1) 2003年改訂前の事後的な支出の認識原則は，（その当時の）IASB 概念フレームワークの資産の認識原則と一致していない。

(2) 有形固定資産を維持するための支出と，機能を高めるための支出との区別を要求するのは，実務上困難である。

もっとも，2003年改訂後の IAS 第16号でも，日常的な保守コストは，資産とせず，むしろ発生に応じて当期の損益に計上されるとし，これは，資産の簿価に計上されることが十分に確実ではないものと説明されています。このため，当該改訂が以前とどの程度，異なるものなのか定かではありませんが，前述し

た要件を満たせば,事後的な改良コストは資産計上されることになります。

なお,IAS第16号では,認識において測定の単位(unit of measure)を定めていないため,後述する無形資産のように,識別可能な要件を示していません。しかし,IAS第16号では,有形固定資産の減価償却において,当初認識された金額を重要な構成部分(significant parts)に按分し個別に行うとしています。これは,重要な構成部分が,耐用年数や消費パターンが個々に異なるものから構成される場合に,全体として償却してしまうことに懸念があったからとされています。

2 無形固定資産の改良コストの取扱い

無形固定資産の改良コストについて,IAS第38号では,事後的に追加,取替またはサービスのために生じたコストに対して,以下を満たした場合には,無形資産として認識するものとしています。

(1) 無形資産の定義(のれんと区別するため,識別可能である必要があり,そのためには,分離可能性基準または契約法律基準を満たす必要がある)
(2) 認識要件(1の有形固定資産と同様の蓋然性の要件と信頼性の要件)

もっとも,IAS第38号では,以下の理由から,事後的な支出を資産として認識することは稀であるとしています。

(1) 多くの場合,無形資産は,追加または交換を要しないような資産であるため,ほとんどの事後的な支出は,無形資産の定義と認識要件を満たさない(既存の無形資産の維持のためのものであることが多い)。
(2) 事後的な支出を特定の無形資産に対して直接按分することは,たいてい困難である。

資産としての認識要件	有形固定資産の改良コスト (IAS第16号)	無形固定資産の改良コスト (IAS第38号(*))
① 蓋然性	○	○
② 信頼性	○	○
③ 識別可能性	×(ただし,減価償却において考慮)	○

(*) 事後的な支出を資産として認識することは稀

買入のれんの取扱い

Q IFRS において，のれんが資産とされているのは，なぜでしょうか。
【関連会計基準等】IASB 概念フレームワーク，IFRS 第 3 号

A IFRS において，のれんは残余としてしか測定できず，支払対価と識別可能な純資産の差額で算定することとされていますが，それは資産の定義と認識要件を満たすものと考えられています。

解 説

1 のれんの構成部分

IFRS 第 3 号「企業結合」において，のれんは，企業結合で取得し，個別に識別されず，独立して認識されない他の資産から生じる将来の経済的便益を表す資産としています。IFRS 第 3 号では，のれんについて，以下の 6 つの構成部分を示しています。なお，ここでいうのれんは買入のれんであり，自己創設のれんも資産の定義を満たすものの，現行の IFRS はもとより，考え方としても資産計上すべきではないと考えられています（☞ Q24）。

	構 成 部 分
(1)	被取得企業の純資産の簿価に対する公正価値の超過分
(2)	被取得企業が以前には認識していなかったその他の純資産の公正価値
(3)	被取得企業の既存の事業における継続企業分の公正価値
(4)	取得企業と被取得企業とを結合することにより期待される相乗効果とその他の便益の公正価値
(5)	取得企業による支払対価についての過大評価
(6)	取得企業による過大支払または過小支払

IFRS 第 3 号において，(1)と(2)の構成部分は，被取得企業に関係するものであり，概念的にはのれんの一部ではなく，個別資産として認識されるものとしています。また，(5)と(6)の構成部分は，取得企業に関係するものですが，これも概念的にはのれんの一部ではなく資産ではないとしています。

これに対して，(3)と(4)の構成部分はのれんの一部であり，IFRS第3号では，これらを「コアのれん」とよんでいます。すなわち，(3)は被取得企業において企業結合以前から存在しているのれんであり，(4)は企業結合によって創出されたのれんを反映するものです。

IFRS第3号では，コアのれん以外の構成部分を，のれんに包含させないように，以下に留意すべきとしています。

① 取得した識別可能な純資産を簿価ではなく公正価値で認識する（(1)の構成部分を除外または減少させる）。
② 要件を満たす取得した無形資産をすべて認識する（(2)の構成部分を減少させる）。
③ 対価を正確に測定する（(5)の構成部分を除外または減少させる）。

2　コアのれんの資産性

IFRS第3号において，コアのれんは，その将来の経済的便益が企業に流入すると予測される資源をいうものとし，また，コアのれんの支配は，取得企業が被取得企業の方針および経営に関し指示できる力によって提供されるため，コアのれんはIASB概念フレームワーク上の資産の定義を満たすとしています。

この点，2018年改正のIASB概念フレームワークでは，資産を経済的資源によって定義し，さらに経済的資源は，経済的便益を生み出す潜在能力を有する権利として定義しています（☞Q43）。IASBは，2018年版の開発において，契約，法律および類似の手段以外の方法で取得するノウハウなどの項目は，資産であるものの，「権利」という用語は，これらを取り込むのに十分であるか検討しましたが，契約や法律によって得られた権利だけでなく，他の方法によるものも，「権利」という用語が捉えているとしています。

ただし，ある特定の資産を概念フレームワークにおいて言及することは適切ではないため，2018年改正のIASB概念フレームワークでは，のれんには言及していないとしています。また，2018年概念フレームワークの開発においては，コアのれんが資産の定義を満たしていることを記載しているIFRS第3号を再検討しなかったとしています。

全部のれんの取扱い

Q IFRSでは，部分のれんと全部のれんが選択適用されていますが，経済的単一体説をとっているため，全部のれんとすべきではないでしょうか。
【関連会計基準等】IFRS第3号

A IFRSでは，経済的単一体説の帰結として，全部のれんを主張しているわけではなく，全面時価評価法と整合的であることを理由としています。

解説

1 IFRSにおいて全部のれんを許容している理由

2008年改正のIFRS第3号「企業結合」では，全部のれん（full goodwill）か部分のれん（partial goodwill）かについて，2005年公表の公開草案では，以下の理由から，全部のれんを提案したとしています。

(1) 被取得企業の非支配株主持分（☞ Q38）も企業結合における1つの構成部分であり，他の構成部分と同様に，公正価値で評価すべきであること。

(2) 非支配株主持分を公正価値で評価することによって，非支配株主持分に関する情報の有用性が改善されること。

(3) 取得日の公正価値で評価する非支配株主持分に関する情報は，取得日時点以降においても，親会社株式の価値を見積る際に有用であること。

IFRSでは，実質的に経済的単一体説を採っている（☞ Q38）といえますが，その帰結として，全部のれんを主張しているわけではなく，上記(1)に照らせば，全面時価評価法と整合的であることを理由としています。

他方，2008年改正のIFRS第3号では，企業結合ごとに，取得企業は，非支配株主持分を以下のいずれかで測定するとしており，それは，部分のれんと全部のれんの選択適用を意味します。

非支配株主持分の測定	のれんの範囲
被取得企業の識別可能な純資産の非支配株主の比例持分	部分のれん
公正価値	全部のれん

IFRS 第3号によれば，一般に IASB では，代替的な会計処理方法は財務諸表の比較可能性（☞ Q17）が低下すると考えており，非支配株主持分の測定に関して選択肢を認めるということは望ましいものではありません。しかし，いずれかの提案だけでは IFRS 第3号を改正するために必要なボードメンバーの賛成数を集められなかったため，選択肢を認めることのデメリットよりも，その他の改善や米国基準とのコンバージェンスのほうが重要であるとして，全部のれんと部分のれんを，企業結合ごとに選択できることとしています。

2 全部のれんと会計情報の有用性

日本のみならず IFRS でも，親会社株主持分と非支配株主持分を区別して示すことは，有用な情報提供につながるものと考えられています（☞ Q38）。このため，全部のれんを計上する場合でも，親会社株主に帰属するのれんを把握できるようにすれば，自己創設のれん（☞ Q24）の計上につながるという批判があるとしても，実質的な問題は少ないと考えられます。特に，日本では，のれんの償却（☞ Q76）を行うため，他の償却性資産の償却費と同様に，全部のれんの償却費を持分比率に応じて按分することにより，親会社株主からの投資に見合う成果が算定されるため，支配獲得時はもちろん，支配継続時においても，その把握が重要になります。

この点，全部のれんを計上しても，非支配株主持分およびこれに相当するのれんを親会社株主持分から推定した額によって計上する場合には，全部連結のもと，子会社の建物や機械などと同様の金額が把握されます。

しかし，IFRS 第3号のように，親会社株主持分の公正価値と非支配株主持分の公正価値が，支配プレミアムなどにより1株当たりベースで異なるものとする場合，支配獲得後の持分変動やのれんの減損などにおいて，それぞれに帰属する部分の区別が困難なことも想定されます。さらに，IFRS では，全部のれんの考え方において負ののれんが生じた場合には，全額を親会社株主に係る当期純利益に帰属させるものとしています。

全部のれんに関しては，経済的単一体説との関係や自己創設のれん（☞ Q24）の計上との関係よりも，それ以外の点が，財務報告の目的に照らして改善されることになっているのかどうかが重要になりそうです。

資本の増加による資産の取得

Q IFRS では，株式を発行して資産を取得した場合，発行した株式を公正価値で測定するのでしょうか。

【関連会計基準等】IFRS 第 2 号，IFRS 第 3 号

A IFRS では，資本は残余持分であるため，むしろ受け取った財・サービスの公正価値で測定する考え方を示しています。しかし，具体的な会計処理では，発行した持分金融商品を公正価値で測定するものとしています。

1　IFRS における資本の増加による資産の取得

IFRS 第 2 号「株式報酬」によれば，資本は，資産と負債の測定値に左右される残余持分であり，その市場価格の変動は認識されないとしています（☞Q77）。このため，持分決済型の株式報酬取引については，受け取った財・サービスの公正価値で測定するものとしています。

しかし，IFRS 第 2 号では，以下の取扱いを示していますので，この考え方と実際の会計処理は異なる形で定められています。

(1) 受け取った財・サービスの公正価値を信頼性をもって測定できない場合には，付与した持分金融商品の公正価値を参照して間接的に測定する。

(2) 従業員が提供する勤務サービスについては，企業が受け取るサービスの公正価値を容易に算定できないため，付与された持分金融商品の公正価値などを用いて測定する。

また，IFRS 第 3 号「企業結合」において，資産であるのれんは，残余としてしか算定できないため，以前の所有者に対して発行した持分金融商品を含む譲渡対価の公正価値と，識別可能な資産・負債の公正価値との差額として，のれんを測定するものとされています（☞Q49，Q50）。

2　資本の直接的な測定

IFRSに限らず，企業会計では，資本を再測定しないものとされています。これは，1で述べたように，資本は残余持分であり，また，これに対応する利益も，資産と負債の測定の結果として算定される収益と費用との差額であれば，計算構造上，直接的に測定できないことによります。また，資本や利益などの財務情報を提供することによって，利用者が企業価値を推定することに資するという企業会計の目的に照らせば，企業が自ら資本の価値を提供すべきではないことになります。しかし，株式報酬取引や企業結合において持分金融商品を直接測定しているため，この考え方と整合しないように見えます。

この点，利益計算を投資の回収によって行う思考の下では，投資の開始時点において取得原価で測定し，途中の段階では再評価しませんが，投資が清算することにより損益を認識します。投資の開始時に金銭が介在せず持分金融商品を用いた交換を行う場合，支払対価として持分金融商品を直接測定し，受け入れた財・サービスの取得原価とすることは，その思考と整合するものです。

もっとも，購入や売却と異なり，1で示した持分金融商品の発行による資産の取得のほか，資産同士の物々交換のように，金銭を伴わない交換は，投資の開始や投資の清算とみなされない場合もあります（下記3参照）。

3　持分プーリング法

IFRS第3号では，ジョイント・ベンチャー（JV）の設立（日本でいう共同支配企業の形成）や共通支配下の企業結合を除く企業結合について，取得法（acquisition method）を適用しますが，それは，新株を発行し事業を受け入れるといった交換取引をすべて新規の投資の開始と見ていることによります。

しかし，同種の資産の交換のように，資産の取得が投資の開始ではない場合もあります（☞Q93）。交換取引が物理的にはあったとしても，その実態が，以前の投資が清算されず継続しているものであれば，JVの設立のように，受け入れた資産・負債を被結合当事者の簿価で引き継ぐ持分プーリング法が適当であることになるでしょう。

52　負債の認識要件—未履行契約の負債性

Q　IFRSにおいて、未履行契約は、負債に計上されないのでしょうか。
【関連会計基準等】IASB概念フレームワーク、IAS第37号

A　IFRSにおいて、不利な契約による現在の義務は、関連する資産や費用の認識を伴って負債とするものとしています。

解説

1　負債の定義と認識基準

2018年改正のIASB概念フレームワークにおいて、「負債」とは、過去の事象の結果として、経済的資源を移転する企業の現在の義務と定義されています。ここで、「義務」(obligation) とは、回避する実際上の能力を有していない (no practical ability to avoid) 企業の責務 (duty) または責任 (responsibility) とされています。この定義を満たすことに加えて、資産と同様に、その認識と結果として生じる収益・費用や資本の変動の認識が、財務諸表利用者に、関連性があって忠実に表現した情報を提供するという認識要件（☞ Q43）を満たす場合に、負債を認識するものとしています。

2018年改正のIASB概念フレームワークでは、これまでの蓋然性や信頼性の要件に代えて、質的特性を直接参照し、以下のように、認識がそれらの質的特性を欠いた情報を生み出す可能性がある要因を示し、指針としています。

質的特性	認識により質的特性を欠いた情報を生み出す可能性がある要因
関連性	存在の不確実性
	経済的便益の流入・流出が低い可能性
忠実な表現	測定の不確実性
	その他

なお、ASBJ討議資料第3章でも、負債をIASB概念フレームワークと同様に定義し、また、この定義を満たし、基礎となる契約の履行と、一定程度の発生の可能性（蓋然性）を満たす場合に認識するとしています。

2 未履行契約の取扱い

IAS第37号では,契約を以下のように分類し,次の3の「不利な契約」に該当しない限り,未履行契約（いずれの当事者もその義務を全く履行していないか,または,双方ともそれらの義務を部分的に同じ程度に履行している状態の契約）にはIAS第37号を適用しないとしています。

分　類	性　格
① 相手への補償金の支払なしで解約することができる契約（日常的な購買注文など多くの契約が該当）	義務はない
② それ以外の契約	権利と義務がある

分類②では,未履行契約が解約不能な場合,義務の履行は確実ですが,それでも負債に計上されません。これはなぜでしょうか。

2018年改正のIASB概念フレームワークによれば,未履行契約（executory contracts）は,経済的資源を交換する組み合わされた権利および義務を確立し,それらは相互依存的であり分離できないため,この組み合わされた権利と義務は,単一の資産・負債（したがって,単一の会計単位）を構成するとしています。これに関して,交換の条件が現在,不利である場合に負っている負債（有利である場合には有している資産）が財務諸表に含まれるかどうかは,認識要件と選択される測定基礎の両方に依存するとしています。

なお,2018年改正のIASB概念フレームワークでは,未履行契約とは逆に,権利が義務から分離可能である場合には,以下になるとしています。

(1) 権利と義務とを別々にグループ化して,別個の資産・負債を識別する。
(2) 1つの会計単位にグループ化して,単一の資産・負債として扱う。

3 不利な契約にあたる未履行契約の取扱い

IAS第37号では,不利な契約による現在の義務は,関連する資産や費用の認識を伴って負債とするものとしています。ここで,「不利な契約」（onerous contract）とは,契約による不可避的なコストが,契約上の経済的便益の受取見込額を超過している契約とされていますので,分類②のみが対象となります。これは,負債の定義に加え,負債の認識要件を満たしているため,負債に認識されるものと考えられます。

保証債務の取扱い

Q 保証債務は、なぜ負債に計上されないのでしょうか。
【関連会計基準等】企業会計原則，IASB 概念フレームワーク，IFRS 第9号

A 保証債務は、負債の定義を満たしていても、一般に、蓋然性が低いため、通常の場合は負債を計上せず、不利な状態になった場合に計上するものと考えられます。

解説

1 保証債務の取扱い

保証債務は、ある債務者が債権の条件に従った期日に支払わないために被保証者に生ずる損失の補塡を、保証者に求める契約です。

このような保証債務に対し、日本では、企業会計原則第三 一Cにおいて、保証債務などの偶発債務は注記しなければならないとし、注解注18の引当金の計上要件を満たす場合には、当期の負担に属する金額を当期の損失として債務保証損失引当金に繰り入れることとされています。

IFRS 第9号では、他の金融商品と同様、当初認識時に公正価値で測定し、その後、公正価値オプション（☞ Q65）や金融資産の譲渡が認識の中止とされない場合に係るものを除き、次のいずれか高いほうで事後測定することとしています。

(1) IFRS 第9号の減損の定めに従って算定した損失累計額
(2) 当初認識額から、IFRS 第15号に従って認識された収益の累計額を控除した金額

当初認識時の金融商品の公正価値の最善の証拠は、一般に、取引価格とされ、保証債務は、通常、いわばアウト・オブ・ザ・マネーであって分割払いであり、受け取る保証料の現在割引価値は0と考えられるため、結果的にオンバランスされず、日本の取扱いと同様と考えられます（保証料を一括で受け取る場合には、前受保証料とされ、上記(2)で各期に認識されます）。

2　保証債務の負債性―偶発負債

保証債務は，偶発債務（条件付債務）と考えられており，IAS第37号「引当金，偶発負債及び偶発資産」では，偶発負債（contingent liability）を認識してはならないとし，経済的便益をもつ資源の流出の可能性がほとんどない場合を除き，注記によって開示することとしています。ここで，偶発負債は，以下の3つのカテゴリーを包含する名称として用いられています。

カテゴリー	内　　　　容
1	過去の事象から発生し得る義務のうち，完全には企業の支配可能な範囲にない将来の不確実な事象の発生または不発生によってのみ，その存在が確認される義務
2	過去の事象から発生した現在の義務であるが，決済のために経済的便益をもつ資源の流出が必要となる可能性が高くないため，認識されていない義務
3	過去の事象から発生した現在の義務であるが，義務の金額が十分な信頼性をもって測定できないため，認識されていない義務

これに対して，2018年改正のIASB概念フレームワークでは，カテゴリー1は，負債の可能性があるものの，存在の不確実性の影響を受け，カテゴリー2と3は，負債ですが，認識基準を適用した後に，認識される場合とされない場合があるとしています。このため，3つのカテゴリーは単一のクラスを形成しておらず，「偶発負債」という用語を使用していません。

3　保証債務の公正価値評価

さらに，保証債務は，債務者の債務不履行という不確定な将来事象が起こった場合に条件付債務を履行するために待機しているという無条件債務（いわゆる待機債務）であり，この無条件債務を公正価値などで測定し認識するという考え方が示されることがあります。

しかしながら，ASBJ討議資料第4章で示されているように，決済額と市場価格との差額である純額を市場で随時取引できるような場合には，その純額の変動が損益に反映されますが，そうではない場合に，公正価値などで再測定する意味は再考する余地があるでしょう。このため，経済的な効果としては同じ売建プットオプションであっても，ある契約が「保証債務」か「デリバティブ」か，さらに「保険契約」かは，重要な論点になります。

製品保証の取扱い

Q 製品保証契約を締結したときは,その義務を負うため,締結時に負債を計上するのでしょうか。

【関連会計基準等】企業会計原則,収益認識基準,IAS第37号,IFRS第15号

A 製品保証の義務には,製品保証によって生じる未支出と製品保証サービスを提供すべき見返りの未収入という考え方があるため,締結時に負債を計上するといっても,どちらの考え方を採るかにより異なる取扱いになります。

解説

1 製品の販売と一体の製品保証の取扱い

これまで,製品保証付の販売では,販売時に製品保証に関する費用と負債を計上しています(これを「方法1」とします)。この場合の負債は,製品保証によって生じる未支出を意味し,原価ベースで測定されます(☞Q96)。

2 製品の販売とは別の製品保証の取扱い

これに対し,製品保証が製品の販売とは別のサービス取引の場合,販売時に将来の製品保証サービス分の受取金額は負債に計上することになります(これを「方法2」とします)。この場合の負債は,将来,製品保証サービスを提供すべき義務を意味し,その見返りの未収入である売価ベースで測定されます。もっとも,保証料を前受していない場合は,未履行契約(☞Q52)として計上されません。

3 設例

製品保証付の販売について,方法1のみならず,方法2とした場合の処理を,設例により確認してみましょう。

[設例] 製品の販売に際し,販売後1年以内に生じた故障の修理費用を負担することを保証しているものとする。過去の経験から,80%の販売製品に故障はなく,

20％の販売製品については故障に伴い販売価額の20％の修理費用が発生することが見込まれている。X0年度における製品の販売（簡便化のために，すべて期末において販売されたものとする）は1,000（製品の簿価は600）であり，X1年度に，修理費用40が発生したものとする。

(1) 方法1（販売時に費用と負債を計上する）

	X0年度	X1年度	合計
売上	1,000		1,000
売上原価	600		600
製品保証引当金繰入額	(＊1) 40	(＊2)	40
売上総利益	360		360

負債（製品保証引当金）　　　（＊1）40

(＊1)　1,000×20％×20％＝40
(＊2)　X1年度における修理費用40の発生は，X0年度に引き当てた40の取崩しによるため，X1年度における損益に影響はない。

(2) 方法2（製品保証サービス提供時に収益を計上する）

［設例］の条件に加えて，製品の販売1,000には，製品の公正価値1,000に加えて製品保証サービスの公正価値80も含まれているとすると，製品保証付販売を識別可能な2つの履行義務に分割し，販売による受取対価の一部を製品保証サービスにも配分し，当該サービスの収益の認識を当該サービスの提供時まで繰り延べることが考えられます（☞ Q96）。

	X0年度	X1年度	合計
売上	(＊1) 926	(＊2) 74	1,000
売上原価	600	40	640
売上総利益	326	34	360

負債（前受製品保証料）　　　（＊2）74

(＊1)　1,000÷(1,000＋80)×1,000＝926
(＊2)　1,000÷(1,000＋80)×80＝74

IFRS第15号でも収益認識基準やその適用指針でも，財またはサービスが合意された仕様に従っているという製品保証では，方法1を採っていますが，追加的な製品保証サービスについては，方法2としています（☞ Q96）。

55 返品義務の取扱い

Q 今後，返品権付販売は，返品サービスの提供という履行義務として会計処理するのでしょうか。

【関連会計基準等】企業会計原則，収益認識基準，IFRS 第15号

A いいえ。IFRS でも日本でも，見込まれる返品額で返金負債を認識し，返金負債の決済による顧客からの財を回収する権利を資産として認識することとしています。

解 説

1 返品調整引当金の取扱い

これまでの日本では，返品義務がある場合，販売による利益のうち，将来見込まれる返品に伴う過大分を返品調整引当金に繰り入れる処理が見られました。

しかし，純額での利益調整は，売上と売上原価とのバランスを崩すことから，これを避けるためには，総額で調整する必要があります（これを「A法」とします）。これに対し，販売に伴う返品義務は，商品の引渡しという履行義務のほかに，返品サービスの提供という履行義務があると見る考え方があります。この場合には，2つの履行義務に販売による受取対価を按分し，それぞれの履行により収益認識することが考えられます（これを「B法」とします）。

2 設例

[設例] X0年に，簿価600の商品100個を1,000で販売し，4個分の返品（返金40）が見込まれた。X1年末に，4個返品（公正価値20）されたものとする。

(1) A法（返品義務を負債に計上する）

将来見込まれる返品に伴う利益分のみを返品調整引当金に繰り入れる場合，引当金繰入額は16（＝(1,000−600)×40/1,000）となり，売上高利益率は38.4%になりますが，A法では，40%（＝384÷(1,000−40)）となります。

	X0年度	X1年度	合計
売上	1,000	−	960
返品見込	(40)	−	
売上原価	600	−	576
返品見込製品	(24)	−	
評価損	−	4	4
売上総利益	384	(4)	380
負債（返品に伴う支払見込額）	40		
資産（返品に伴う受取製品見込額）	24		

(2) B法（返品義務を返品権サービスの履行義務とする）

［設例］の条件に加えて，販売時の公正価値は，返品なしの商品が970，返品権サービスが30と見込まれたものとすると，受取対価を，商品の引渡しという履行義務と返品サービスの提供という履行義務に分割し，後者の収益の認識を当該サービスの提供時まで繰り延べることが考えられます。返品時には，返品権サービスの提供に伴う売上30の計上と公正価値20の製品を40で取得した結果の評価損20が計上されます。

	X0年度	X1年度	合計
売上	(＊1) 970	(＊2) 30	1,000
売上原価	600	−	600
評価損	−	20	20
売上総利益	370	10	380
負債（前受返品サービス料）		(＊2) 30	

(＊1) 1,000÷(970+30)×970＝970
(＊2) 1,000÷(970+30)×30＝30

IFRS第15号では，概念的にはB法が適切であるものの，A法により会計処理することとしています。これは，B法とする場合，返品サービスの独立販売価格を見積る必要がありますが，多くの場合，売上金額に対する割合は小さく，また，返品に至る期間も短いため，コストと便益を考慮したことによるとしています。

しかし，B法は，返品義務を，返品サービスを対象としたコールオプションの売建とみる方法であり，A法は，販売した財を対象としたプットオプションの売建とみる方法です。このため，考え方自体が異なると考えられます。

支払リース料の取扱い

Q IFRSでは，オペレーティング・リースであっても，借手において解約不能な支払リース料であれば，負債に計上するのでしょうか。

【関連会計基準等】リース基準，IAS第17号，IFRS第16号

A IFRS第16号において，リース負債は，解約不能な期間のみならず，延長オプション行使や解約オプションの不行使がそれぞれ合理的に確実な場合における当該オプション期間も合計した期間におけるリース料に基づき算定されます。

解 説

1 リース取引の分類

これまでのIAS第17号「リース」では，わが国のリース会計基準と同様に，資産の所有に伴うリスク・経済価値を実質的にすべて移転するリースをファイナンス・リースとしてリース物件の売買処理とし，それ以外をオペレーティング・リースとしてリース物件の賃貸借処理をしていました。

2016年1月に公表されたIFRS第16号では，借手はファイナンス・リースとオペレーティング・リースとを区別せずに，以下のように，1つの分類（使用権モデル）によって，使用権資産とリース負債を計上することとしています。

[設例] X1年期首において，各期末にリース料10を3年間支払うリースを行った。リース資産の耐用年数は10年，割引率は10%であるものとする。

時 点	仕 訳 例			
リース開始時	使用権資産（*1）	24	リース負債	24
X1年期末	償却費 （*2）	8	使用権資産	8
	リース負債	8	現金	10
	支払利息 （*3）	2		

（*1） $10/1.1+10/(1.1)^2+10/(1.1)^3=24$
（*2） $24÷3年=8$ （定額法によるものとする）
（*3） $24×10\%=2$

この使用権モデルは，ファイナンス・リースかオペレーティング・リースかによって大きく異なる現行の会計処理に比べて，一定の財務報告の改善につながるといわれています。

なお，貸手について，IFRS 第16号では，実質的に IAS 第17号の会計モデルを引き継ぎ，2つの分類（ファイナンス・リースとオペレーティング・リース）のままとしています。

2 リース負債を構成するリース料

IFRS 第16号における使用権モデルの下で，借手は，リース取引開始日に，短期リースと少額資産のリースを除くすべてのリースについて，以下から構成される未払リース料の現在価値でリース負債を当初認識することとしています。

(1) 固定リース料（実質的に固定リース料であるものを含み，受取インセンティブを除く）
(2) 変動リース料（指数やレート（消費者物価指数（CPI）や金利など）に基づくもの）
(3) 残価保証による支払見込額
(4) 行使が合理的に確実な購入オプションの行使価格
(5) 解約ペナルティ（リース期間が解約オプションの行使を反映している場合）

このように，未払リース料は，解約不能な期間のみならず，延長オプションの行使や解約オプションの不行使がそれぞれ合理的に確実（reasonably certain）な場合における当該オプション期間も合計した期間におけるリース料支払義務であり，IFRS 第16号では，IASB 概念フレームワークにおける負債の定義（☞ Q52）を満たすとしています。

なお，IFRS 第16号では，通常の未履行契約（☞ Q52）にもかかわらず，借手が資産・負債を認識するわけではなく，リース取引開始日前には，前払リース料や不利な場合を除き，資産・負債として認識しないものの，リース取引開始日においては，使用権資産が借手に引き渡され，使用可能とされた時点で履行されたとみています。

退職給付会計における積立不足

Q 日本の退職給付基準は,積立不足を負債に計上するように改正されたと聞きました。貸借対照表に積立不足を計上するのは,当然ではないでしょうか。

【関連会計基準等】退職給付基準

A 必ずしもそうではありません。積立不足を負債に計上するといっても,貸借対照表は,期末における資産や負債の価値自体を示すわけではないという考え方の下で理解するほうが,企業会計の全体的な見方を損ねないと思われます。

1 未認識項目のオンバランス化

2012年5月改正の退職給付基準では,未認識数理計算上の差異(☞ Q72,Q89)および未認識過去勤務費用(☞ Q90)(あわせて以下「未認識項目」といいます)をその他の包括利益(OCI)に計上し,積立状況を示す額(退職給付債務から年金資産の額を控除した額)を負債として計上するとしています。ただし,年金資産の額が退職給付債務を超える場合には,資産として計上します。

これらの背景として,退職給付基準では,以下を挙げています。

(1) 一部が除かれた積立状況を示す額を貸借対照表に計上する場合,積立超過のときに負債(退職給付引当金)が計上されたり,積立不足のときに資産(前払年金費用)が計上されたりすることがあり得るなど,退職給付制度に係る状況について財務諸表利用者の理解を妨げているのではないかという指摘がある(これについては,以下の[設例]参照)。

(2) 国際的な会計基準も考慮する。

[設例] 退職給付債務が100,年金資産が80,未認識項目(借方差異)が30であったものとする。なお,税効果は無視するものとする。

従来、積立状況を示す額20（＝100－80）から未認識項目（借方差異）30を除いた額10が、資産として計上されていました。これに対して、退職給付基準では、積立状況を示す額20をそのまま負債として計上し、未認識項目30は、OCIを通じてその他の包括利益累計額（AOCI）に計上するものとしています。

貸借対照表（改正前）		貸借対照表（改正後）	
資産		負債	
前払年金費用	10	退職給付に関わる負債	20
		純資産	
		AOCI	△30

2　積立状況を示すように資産・負債を計上すべき必然性

　まず、退職給付基準で用いている「積立不足」は、積立状況を示す額（退職給付債務から年金資産の額を控除した額）であり、期末に支給するものとした場合の不足額を示しているわけではありません。これは、年金資産の額が、期末における時価により計算されているものの、退職給付債務は、退職給付見込額のうち、期末までに発生していると認められる額を割り引いて計算されていることによります。このため、その差額は、一定の仮定に基づいて計算された金額にすぎません。

　この点、積立状況を示す額が、期末に支給するものとした場合の過不足額を示しているわけではないとしても、その近似値であれば、それを貸借対照表に反映した方が理解可能性を高めるという考え方があるかもしれません。しかし、期末における資産や負債の価値を示すように再評価の範囲を広げても、自己創設のれん（☞Q24）自体も計上しない限り、貸借対照表上が企業価値を示すわけではありません。このように、そもそも貸借対照表は、期末における資産や負債の価値自体を示すわけではない（☞Q9、Q23）ため、本来的には、積立状況を示すように資産・負債を計上すべき必然性はありません。

　未認識項目の金額を控除せず、積立状況を示す額をそのまま貸借対照表に計上すべきという見方は、期末における資産と負債の価値自体を示すわけではなく、したがって、その差額が株主資本価値を示すわけではないという考え方の下で理解するほうが、企業会計の全体的な見方を損ねないと思われます。

連　結

Q　IFRS 第10号によって，「事業を営む典型的な企業」に対する連結の範囲の適用は改善されるのでしょうか。

【関連会計基準等】連結基準，IFRS 第10号

A　実質支配力基準の下では判断が必要となりますので，改善されるかどうかは，IFRS 第10号をいかに運用するかにかかっているといえるでしょう。

解　説

1　IFRS 第10号における支配の適用

IFRS 第10号の公表に至る公開草案では，投資先を，「組成された企業」(structured entity) と「事業を営む典型的な企業」(traditional operating entity) とに分けて支配を判断する提案をしていました。しかし，多くのコメントでは，2つの支配モデルの場合，整合しない適用をもたらしたり，「組成された企業」に対する指針がすべての投資先に適用されたりすると考えられたため，1つの区分とすべきとしていました。このため，IFRS 第10号では，以下の3要素からなる支配を連結における唯一の基礎とし，投資先の性質にかかわらず，すべての企業に適用するとしています。

(1) 投資先へのパワー
(2) 投資先への関与から生じる変動リターンにさらされているか，またはそれに対する権利を有していること。
(3) 投資先へのパワーを通じて，投資元のリターンの金額に影響を与えることができること（パワーとリターンの連係）。

IFRS 第10号では，投資先における関連性のある活動（投資先のリターンに重要な影響を与える活動）を左右する現在の能力をもたらす既存の権利を投資元

が有していれば,「投資先へのパワー」を有するとしています。また,「リスク・経済価値」(IFRS第10号では「変動リターン」) は支配の指標の1つとしており,これだけで支配があるものとはしていません。

2 事業を営む典型的な企業に対する支配の適用

IFRS第10号では,支配の定義を拡大し,「組成された企業」にも適用できるようにしていますが,IAS第27号と同様に,議決権を通じて支配が判断される「事業を営む典型的な企業」についても詳細に示しています。

議決権が投資元にパワーを与える場合,IFRS第10号では,まず,投資先の議決権の過半数を有する者が,原則としてパワーをもつものとしています。次に,投資元が,議決権の過半数を有していなくても,関連性のある活動を一方的に左右する実際上の能力を有している場合,パワーをもつとしています。この際,日本における連結基準とは異なり,IFRS第10号では,「高い議決権比率」に基づく区別はしていませんが,以下を示しています。

(1) 議決権が多いほど,投資先へのパワーをもつ可能性が高い。
(2) 支配を示す要素や指標を含む追加的な事実や状況を考慮しても,投資元のパワーが明らかでない場合には,投資先を支配していない。

また,日本では「緊密な者」という概念を用いて,議決権比率の分子を調整し,過半数を有するか否かの規準の1つとしています。IFRS第10号でも,投資元は,他の者が事実上の代理人 (de facto agents) かどうかを検討し,それを,投資元自身のものと一緒に考慮しなければならないとしています。ただし,一緒に考慮した結果,投資先の議決権の過半数を有していなくても,IFRS第10号では,日本での取扱いと異なり,他の要因も考慮して支配を判断するものとしています。さらに,IFRS第10号では,議決権比率の分母を調整し,自らの議決権だけで投資先の議決権の過半数を有することと同様になるか否かの判断も示しています。

実質支配力基準の下では判断が必要となり,IFRS第10号では,原則を明示し,ガイダンスや例示を加えているため,必要とされる判断ができるはずとしています。しかし,その考えに近い結果をもたらし改善されるかどうかは,実質的な判断をいかに運用するかにかかっているといえるでしょう。

比例連結

Q 共同支配企業に対する投資については,比例連結を適用することになりますか。

【関連会計基準等】連結基準,企業結合基準,金融商品基準,IFRS 第11号

 いいえ。日本でもIFRSでも,共同支配企業の資産に対する権利・負債に対する義務を直接的に有していれば,総額法によって取り込みますが,共同支配企業に対する投資については,持分法を適用することとしています。

解 説

1 連結財務諸表の作成についての考え方

どのような観点から連結財務諸表を作成するかについては,いくつかの考え方があります。

考 え 方		方法	非支配株主持分
親会社株主説(資本主説)	親会社株主の持分の連結財務諸表を作成する	比例連結	N/A
親会社説	単一の指揮下にある企業集団全体の連結財務諸表を作成し,資本に関しては親会社株主の持分のみを反映させる	全部連結	資本以外で計上
経済的単一体説	企業集団全体の連結財務諸表を作成し,資本に関しても企業集団を構成するすべての連結会社の株主の持分を反映させる	全部連結	資本に計上

2 比例連結について―日本

2013年9月改正の連結基準では,親会社株主の視点を重視しているものの,非支配株主持分も資本とするため,経済的単一体説を採っています(☞Q38)。また,企業結合基準では,共同支配の実態にある合弁会社(関連会社)に比例連結を認めるかどうかという問題について,「混然一体となっている合弁会社の資産,負債等を一律に持分比率で按分して連結財務諸表に計上することは不適切である」ことなどから,比例連結は導入しないこととしている従来の取扱

いを踏襲しています。このため，共同支配企業に対しては持分法を適用することとしています。

なお，金融商品基準の実務指針では，民法上の任意組合，商法上の匿名組合，パートナーシップ等への出資については，組合等の財産の持分相当額を純額で取り込む方法（純額法）を原則としていますが，持分割合に相当する部分を取り込む方法（総額法）も認めています。

3　比例連結について — IFRS

IAS第31号「ジョイント・ベンチャーに対する持分」では，取決めが企業を通じて組成されているかどうかによって，会計処理を区別していました。

区別	会計処理
共同支配の事業および資産	取決めによる資産・負債，収益・費用を認識する（総額法）
共同支配企業	比例連結または持分法（＊）

（＊）　会計方針により，共同支配企業に対するすべての持分に同一の会計処理（すなわち，比例連結または持分法）を選択する。

2011年に公表されたIFRS第11号「共同支配の取決め」では，会計方針ではなく，共同支配の取決めを2つの種類に分類し会計処理を定めています。

区別	会計処理
共同支配事業（取決めに対する共同支配を有する当事者が，その取決めに関する資産に対する権利・負債に対する義務を有している共同支配の取決め）	取決めによる資産・負債，収益・費用を認識する（総額法）
共同支配企業（取決めに対する共同支配を有する当事者が，その取決めの純資産に対する権利を有している共同支配の取決め）	持分法

なお，IFRS第11号では，共同支配事業の活動に係る資産・負債，収益・費用の認識（総額法）と，比例連結との間には，2つの主要な相違点があるとしています。

(1)　総額法は，契約上の取決めにより認識することであり，比例連結のように所有持分に基づいて行うことではない。

(2)　総額法は，個別財務諸表で認識される。

 **持分法**

Q IFRSでは，支配を強調し，また，会計処理方法の簡素化を図ることから，持分法は今後なくなってしまうのでしょうか。

【関連会計基準等】IFRS第10号，IFRS第11号，IAS第28号

A IFRSでは，関連会社はともかく，共同支配企業に対する投資については，持分法が最も適切な方法であるとしていますので，この点からは，適用範囲の見直しがあるにせよ，持分法がなくなってしまうことはないと考えられます。

解説

1 IFRSにおける持分法の適用範囲

2011年5月に，ジョイント・ベンチャー（旧IAS第31号）に関するプロジェクトによりIFRS第11号「共同支配の取決め」が公表され，また，IAS第28号が改正されました。これらにおいて，持分法は，以下に対する投資に適用することとしています。

(1) 関連会社（associate）に対する投資
(2) 共同支配企業（joint venture）に対する投資（☞Q59）

投資先との関係	共同支配の取決めの種類	会 計 処 理
共同支配	共同支配事業	取決めによる資産・負債，収益・費用を認識する（総額法）
	共同支配企業	持分法
重要な影響		

2 IFRSにおける持分法の検討

改正IAS第28号やIFRS第11号では，持分法を再検討していないとしています。すなわち，これまで同様，たとえば，のれんの処理や未実現利益の消去など，持分法を適用するうえで適切な手続の多くは，連結手続と類似しており，また，子会社の取得の会計処理に用いられる手続の基礎をなす概念は，持分法

の会計処理にも採用されているとしています。

　しかし，企業集団は親会社とすべての子会社であり，関連会社は企業集団の一部ではありません。したがって，持分法が，子会社と同様に，関連会社に関しても連結上の調整を行うことを求め，あたかも企業集団の一部であるかのように扱っていることについては疑問もあるようです。

　IAS第28号における重要な影響の概念が開発された際，この概念は，議決権の過半数保有に焦点を当てた連結に関する定めの文脈上にあり，（支配はしていないものの）受動的な投資家を上回るような他の企業に対する関与に対処するために必要でした。しかし，IFRS第10号における連結モデルは，単純な議決権モデルを超えて開発されてきていることが，その背景にあります。

　IFRS第11号において，持分法は，投資先の純資産に対する持分を会計処理する方法であるため，共同支配企業に対する持分を処理する最も適切な方法であるとしています。ただし，この説明だけを取り上げれば，「共同支配」や「重要な影響」がある場合のみならず，他社に対する株式投資はすべて持分法が適切であるということもできます。少なくともこの点からは，適用範囲の見直しがあるにせよ，持分法が今後なくなってしまうことはないと考えられます。

　しかしながら，前述したように，改正IAS第28号やIFRS第11号では，持分法の再検討は，このプロジェクトの範囲外であるとしていました。IASBが2012年12月に公表した「フィードバック・ステートメント－アジェンダ・コンサルテーション2011」では，優先する調査研究プロジェクトの1つに挙げており，今後，再検討される可能性があります。

　また，今後も持分法が存在しても，重要な影響を有する関連会社に対する投資について適用すべきと考えられているかどうかは不明であり，持分法は，連結の簡便法ではなく，投資の評価方法として整理される可能性もあります。

　持合株式や提携株式のように，他の企業に対する戦略的な投資の中には，投資先で稼得されたリターンを得ることや，投資先との関係により自らの価値を高めることを目的とする積極的な投資もあります。そのようなのれん価値を有する投資について，少なくとも公正価値での評価は適切ではないと考えられます（☞Q26）。今後，持分法の議論が行われる場合には，IFRS第9号も含めた総合的な検討が必要であると考えられます。

より理解を深めるために⑤

　企業は，調達された資金を，さまざまな資源に投入し，価値を増加させ資金を回収するという組織体であるとみて，企業会計では，その過程に即して会計処理を考えています。たとえば，IFRS 第15号や収益認識基準でいう企業の通常の活動（entity's ordinary activities）は，一般に，仕入→製造→販売という営業循環過程をとっており，それに沿って会計処理が考えられています。

　　　　　　　　　（投入要素）　　　　　　　（産出要素）

　このようなプロセスは，財・サービスを扱う企業だけではなく，金融機関のように，調達された資金を，もっぱら金融商品にて運用する場合でも，同様と考えられます。すなわち，企業は，調達された資金により投資を開始し，それの金額を上回る資金を投資の清算によって回収するプロセスをとっています（☞ Q51）。このため，本書では，「はじめに」において示したように，この投資のプロセスに沿って会計処理の意味を説明しています。

　　（第5章）　　　　　　　（第6章, 第7章, 第8章）　　　　　（第9章）

　伝統的には，すべての投資に対する利益計算を投資の回収によって行っていましたが，ASBJ討議資料では，棚卸資産や有形固定資産への投資のように，事業の遂行による資金の獲得による成果を期待した「事業投資」については，そのような投資回収計算によることとしています。

　これに対し，随時，換金可能であって，換金の機会が事業活動等によって制約を受けず，自らの活動の結果ではなく市場価格の変動のみが実際の成果になることを期待している「金融投資」の場合には，公正価値評価を行うという使い分けが示されています（☞ Q26, Q61）。

第6章

公正価値による測定
―直接的な評価

公正価値評価の有用性―金融投資

Q 企業価値評価の観点からは，取得原価よりも，公正価値による測定のほうが，役に立つのではないでしょうか。

【関連会計基準等】ASBJ 討議資料，IASB 概念フレームワーク

A いいえ。保有する個々の資産の公正価値が企業価値に直結するような場合には，その公正価値による測定（公正価値評価）が役に立ちますが，企業独自の価値を生み出すために有する資産・負債については，必ずしもその公正価値による測定が役立つわけではありません。

解　説

1　企業価値評価と公正価値

企業は，自らの技術やノウハウなどを使って，市場の平均的な期待以上の成果をあげるために組成されています。このため，企業価値評価にあたっては，個々の資産・負債を組み合わせて，いかに超過収益力を生み出しているかを把握すること，すなわち，自己創設のれん（☞ Q24）の評価を行うことが重要になります（☞ Q23）。逆にいえば，個々の資産・負債の公正価値による測定だけでは，無形の自己創設のれんの評価にはつながらないため，公正価値で評価する範囲を広げても，財務諸表利用者の判断に役立つわけではありません。

もっとも，保有する個々の資産の公正価値が企業価値に直結するような場合，すなわち，自己創設のれんがない場合には，その公正価値による測定が役に立ちます。投資信託では，自己創設のれんがないため，個々の資産の公正価値の総額が企業の公正価値総額と一致するものと見られています。

2　投資の性格と公正価値による測定

このように，企業価値評価という観点からは，むしろ投資の状況に応じて異なる測定を行うほうが役に立つ情報を提供できそうです（☞ Q26）。すなわち，随時，換金可能であって，換金の機会が事業活動等によって制約を受けず，自

第6章 公正価値による測定—直接的な評価 133

らの活動の結果ではなく市場価格の変動のみが実際の成果になることを期待している「金融投資」の場合には，ストック情報としての公正価値が有用な情報になるものと考えられます。金融投資における利益情報は，企業価値評価に資するというよりも，投下資金の運用効率や経営者行動のモニターなど，事後的な管理や契約関係の裁定の観点から必要になると考えられます。

他方，棚卸資産や有形固定資産への投資のように，事業の遂行による資金の獲得による成果を期待した「事業投資」については，公正価値評価ではなく，その成果が実際に達成されたときに損益を計上することによって，有用な情報を提供できると考えられます。取得原価そのものが役に立つ情報を提供しているわけではありませんが，取得原価を基礎として実際の投資の成果を示すことにより，事前の期待の達成度を確認することができると考えられます。このように，「事業投資」の利益は，過去を示しますが，投資家は，企業がどのような成果をあげるか予測していると考えられるため，実際の業績との比較により，その予測の確認や改訂をすることができます。これを確認価値（または，フィードバック価値）とよびます（☞ Q15）。このように，利益は，投資意思決定という観点から意義があると考えられています（☞ Q23，Q32）。

したがって，事業の遂行により資金の獲得による成果を期待した「事業投資」を公正価値評価しても，自己創設のれんの把握につながるわけではないため，公正価値による測定を推し進めても，取得原価ベースの財務諸表よりも，役に立つことにはならないと考えられます。

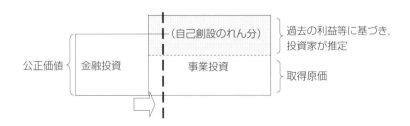

市場価格と公正価値

Q 市場価格がない場合，公正価値は存在しないと考えてよいでしょうか。

【関連会計基準等】金融商品基準，IASB概念フレームワーク，IFRS第13号

A いいえ。IFRSでは，市場価格がない場合でも，関連性のある観察可能なインプットを最大限に使用して公正価値を見積るとしています。

解 説

1 公正価値とは

IFRS第13号では，「公正価値」(fair value) を，測定日時点で，市場参加者間の秩序ある取引において，資産を売却するために受け取るであろう価格または負債を移転するために支払うであろう価格としています。2018年改正のIASB概念フレームワークでも，同様に示しています。

公正価値は，市場を基礎とした測定であり，企業固有の測定ではありません。このため，観察可能な市場価格がある場合でもない場合でも，公正価値は，市場参加者がその資産・負債の価格づけを行う際に用いるであろう仮定を用いて測定すること，資産を保持するかどうか負債を決済するかどうかという企業の意図は，公正価値の測定には関連しないこととされています。

また，IFRS第13号では，非金融資産の公正価値を測定する場合，当該資産の最有効使用（市場参加者による非金融資産の使用のうち，当該資産または資産グループの価値を最大化すること）を考慮に入れることとしています。また，非金融資産の公正価値評価では，市場参加者がすでに補完的な資産・負債を保有しているものとみて，当該資産を他のIFRSが定める会計単位と整合的に売却することを仮定するとしています。

2 公正価値の分類

日本では，たとえば，金融商品基準において，「時価」とは，公正な評価額をいうとしており，公正価値と同じ意味と考えられます。また，時価は，「市

場価格に基づく価額」をいい，市場価格がない場合には「合理的に算定された価額」とするとしていますので，大きく2つに区分しています。

これに対し，IFRS第13号では，公正価値評価およびそれに関連する開示の首尾一貫性と比較可能性（☞Q17）を向上させるために，公正価値を測定するために用いる評価技法への入力数値（インプット）を3つのレベルに区分し，公正価値の算定において，どのレベルの入力数値を用いたかによって，公正価値のヒエラルキーを設けています。

公正価値のヒエラルキー	入力数値
レベル1の公正価値は，その算定においてレベル1の入力数値をそのまま用いたもの	レベル1の入力数値は，活発な市場（＊）における同一の資産・負債の公表価格
レベル2の公正価値は，その算定においてレベル2の入力数値が重要となるもの	レベル2の入力数値は，レベル1以外の観察可能な市場データから得られたもの
レベル3の公正価値は，その算定においてレベル3の入力数値が重要となるもの	レベル3の入力数値は，観察可能な市場データは入手できないが，入手できる最良の情報に基づき設定された仮定を反映するもの

（＊）「活発な市場」とは，資産・負債について，十分な数量および頻度で取引が行われ，継続的に価格情報が提供される市場をいいます。

3 公正価値の測定と会計処理

IFRS第13号は，新たな公正価値評価を導入するものではなく，また，資産・負債をいかなる場合に公正価値で測定すべきかを定めているのではないとしています。2018年改正のIASB概念フレームワークでは，財務諸表の構成要素の測定には，多くの異なる測定基礎が使用されているとしており，有用な財務情報の質的特性やコストの制約を考慮すると，異なる資産・負債および収益・費用に，異なる測定基礎が選択される結果となる可能性が高いとして，混合測定の考え方を示しています（☞Q26）。

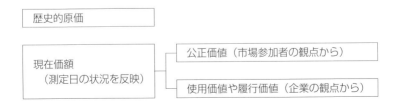

金融資産の公正価値評価

Q 金融資産であれば、すべて公正価値評価することになりますか。
【関連会計基準等】ASBJ 討議資料, IASB 概念フレームワーク

A いいえ。金融資産であっても、提携株式や関連会社株式などへの投資は、公正価値の変動を通じた売却ではなく、その保有を通じた事業の遂行により公正価値を超える成果を期待しています。これらは、利用や販売によって期待された成果が実際に達成されたときに利益計上されるため、それ以前の段階で公正価値評価し、評価差額を損益とする必要はありません。

解説

1 IASBにおける金融商品の全面公正価値会計

IASBの前身であるIASCにおける金融商品起草委員会が1997年3月に公表した討議資料「金融資産及び金融負債の会計処理」では、すべての金融商品を公正価値で評価することを提案していました。また、IASCもメンバーとなった金融商品ジョイント・ワーキング・グループ（JWG）が2000年12月に公表したドラフト基準「金融商品及び類似項目」でも、すべての金融商品を公正価値で評価することを提案していました。

JWGのメンバーのうち3人が、2001年4月に設立されたIASBのボードメンバーとなり、また、その後の議論に加え、IASBが2008年3月に公表したDP「金融商品の報告における複雑性の低減」でも、長期的には、単一の方法、具体的にはすべて公正価値で評価することによって簡素化を達成することが望ましい方向性であるとしていました。このため、IASBでは、金融商品について公正価値会計を志向していたと解されます。

2 投資の性格と測定

ASBJ討議資料では、金融資産とか実物資産のような投資の形態ではなく、企業の活動との関連で財務情報を捉えるように測定することによって、投資家

がその情報から当該企業の将来キャッシュ・フローを予測するのに役立てようという発想があります。このため，以下のような投資の性格によって，適切な測定値が示唆されています（☞ Q26, Q61）。

(1) 随時換金可能で，換金の機会が事業活動による制約・拘束を受けない「金融投資」の場合には，市場における平均的な成果を期待しており，自己創設のれん（☞ Q24）がゼロの場合であるため，資産や負債の測定値を公正価値とすることが有用となる。

(2) 事業の遂行により資金の獲得による成果を期待した「事業投資」には，公正価値評価はなじまない。むしろ，その成果が実際に達成されたときに損益を計上することによって，予測価値や確認価値（☞ Q15）を有し，有用な情報を提供できるため，原価評価とする。

なお，2018年改正のIASB概念フレームワークでも，混合測定の考え方を示しています（☞ Q26, Q62）。

3　具体的な「金融投資」と「事業投資」の範囲

考え方としてはこのように整理できますが，実際には，随時換金可能な市場とはどの程度のものまで含まれるのか，また，期待されている残余利益（その現在価値合計が自己創設のれん相当額）の多寡は連続的に存在しているため，どの程度のものまで含まれるのかが論点となります。すなわち，具体的に，どこまでは残余利益がゼロまたは乏しい「金融投資」と見て公正価値で評価するか，どこまでは残余利益がプラスになることが期待されている「事業投資」と見て公正価値で評価しないかが論点となります。このため，自己創設のれんが少ないと考えられる金融資産や投資不動産（☞ Q70）などをめぐって，議論があるといえます。

非上場株式の公正価値評価

Q IFRSでは，市場性のない株式について公正価値で測定するとしており，日本の会計基準も見直すべきではないでしょうか。

【関連会計基準等】金融商品基準，IFRS第9号，IFRS第10号，IAS第39号

A 換金可能な市場がなく，公正価値での取引が想定されていない投資には，時価を超える自己創設のれんが期待されている場合が多く，また，売却によって回収しようとする場合でも，誰にいつ，どのように売却するかによって得られる価値は異なるため，公正価値測定は適切ではないと考えられます。

解説

1 非上場株式の事後測定

日本では，2008年3月改正の金融商品基準において，従来の「市場価格のない有価証券」を「時価を把握することが極めて困難と認められる有価証券」とし，時価（＝公正価値）で貸借対照表価額とする範囲を拡大しています。しかし，株式については，その適用指針において，将来キャッシュ・フローが約定されるような一部の種類株式を除き，「時価を把握することが極めて困難と認められる有価証券」に該当するとされ，従来と同様に，取得原価とすることとされています。

IFRSでは，市場価格のない株式の事後測定については，以下のように変遷しています。

IFRS	概　要
IAS第39号	公正価値で測定するが，活発な市場（☞Q62）における市場価格がなく，公正価値を信頼性をもって測定できない株式は，取得原価で測定する。
IFRS第9号	すべての株式は，公正価値で測定し，評価差額を損益とする（その他の包括利益（OCI）とすることもできる（☞Q68））。
改正IFRS第10号	投資企業は，他の企業を支配しているとしても連結せず，その企業に対する投資について，公正価値で測定し，評価差額を損益とする。

2　IFRSにおいて市場価格のない株式を公正価値で測定する理由

　IFRS第9号では，金融資産を償却原価（☞Q78）で測定するものと，公正価値（☞Q62）で測定するもののいずれかに分類することとしています。株式は，契約上のキャッシュ・フローがなく，償却原価での測定は適用できないことから，公正価値で測定するものとされています。また，IFRS第9号では，株式への投資は，公正価値が最も関連性（☞Q15）のある情報を提供し，取得原価は，それから生じる将来キャッシュ・フローの時期，金額および不確実性について予測価値（☞Q15）のある情報を，ほとんど提供しないとしています。その検討過程において，取得原価による例外の削除に反対する意見は少なくありませんでしたが，IASBでは，以下のように検討したものとしています。

懸　念	IASBの考え方
公正価値評価は，信頼性や有用性に欠ける。	取得原価は信頼性があるものの関連性はほとんどない。公正価値測定のプロジェクトにおける適切な測定技法とインプットにより，信頼性を有する。
継続的に公正価値を算定することは，多大なコストと労力を伴う。	評価技法は十分に開発されており，公正価値での測定が求められている他の金融商品に比べて，複雑性は低い。また，非常に多く保有しており，重要性がある場合には，公正価値による追加的な便益は，一般に，追加的なコストを上回る。

　また，2012年改正のIFRS第10号では，投資企業（investment entity）による投資の公正価値情報が，経営者にとっても投資家にとっても意思決定の主因や投資のパフォーマンスであり，したがって，投資企業においては，投資株式の公正価値が，連結や持分法よりも関連性のある情報を提供するとしています。

　日本では，金融商品基準において示されているように，単なる信頼性の有無ではなく，換金可能な市場がなく，時価での取引が想定されていない場合には，時価評価は適切ではないとされています。そのような投資には，時価を超える自己創設のれん（☞Q24）が期待されている場合が多く，また，売却によって回収しようとする場合でも，その企業が誰にいつ，どのように売却するかによって得られる価値は異なります。このため，損益計算はもとより，貸借対照表価額や注記としても開示することは有用な財務情報の提供にはならないと考えられます。

公正価値オプション

Q IFRSでは，金融商品について，「公正価値オプション」とよばれる会計処理があるようですが，これは，文字どおり，いつでも公正価値を選択できるという会計処理でしょうか。

【関連会計基準等】IFRS第9号

A いいえ。IFRSにおける「公正価値オプション」は，いつでも公正価値を選択できるというわけではなく，一定の場合において，公正価値で評価することを認める会計処理です。

解説

1 IFRSにおける金融資産の公正価値オプション

IFRS第9号では，資産・負債の測定や損益の認識から生じる会計上のミスマッチ（☞Q28）を解消または大幅に低減することができる場合，当初認識時に指定すれば，取消不能という条件の下，償却原価（☞Q78）で測定するとされている金融資産についても，公正価値で評価し評価差額を当期純利益に認識することができるとしています。

なお，IFRS第9号では，金融資産が公正価値に基づいて管理され業績評価されている場合，契約上のキャッシュ・フローを回収するために保有されていないため，損益を通じて公正価値で評価するものとしています。

2 IFRSにおける金融負債の公正価値オプション

また，IFRS第9号では，指定することにより以下のいずれかの理由で情報の関連性が高まる場合に，当初認識時に指定すれば，取消不能という条件の下，金融負債を公正価値で評価し評価差額を当期純利益に認識する（ただし，当該負債の信用リスクの変動に起因する金額は，その他の包括利益（OCI）（☞Q37）に表示する）ことができるとしています。

(1) 資産・負債の測定や損益の認識から生じる会計上のミスマッチ（☞

Q28)を解消または大幅に低減する場合
(2) 金融負債のグループが,文書化されたリスク管理戦略または投資戦略に従って,公正価値に基づいて管理され業績評価されており,その情報が企業の経営幹部に対して提供されている場合

　金融負債の公正価値オプションについてIAS第39号では,公正価値の変動全体を当期純利益に計上することとしていました。しかし,多くの利用者は,トレーディング目的以外の場合,負債の信用リスクの変動の影響を実現できず,当期純利益に影響させるべきではないとしていたため,IFRS第9号では,OCIに表示することとしています。ただし,そのリサイクリング（☞ Q36）を禁止しています。これは,株式のOCIオプション（☞ Q68）の処理と整合的であること,多くの負債は契約上の金額が返済され,その場合には,公正価値が最後には契約上の金額と等しくなるため,負債の信用リスクの変動の累積影響額はゼロとなることを理由に挙げています。

3　IFRSにおける複合金融負債の公正価値オプション

　さらに,IFRS第9号では,次のいずれかに該当する場合を除き,複合金融負債（組込デリバティブを含み,主契約が資産ではない場合）全体を,公正価値で評価し評価差額を当期純利益に認識することができるとしています。
(1) 組込デリバティブが,主契約のキャッシュ・フローを大きく変更していない場合
(2) 組込デリバティブの区分が認められないことが明らかである場合

　IFRS第9号では,複雑性を低減するように,他の金融資産と同様,複合金融資産については,分離せず全体で分類と測定を行うものとしています。しかし,複合金融負債については,IAS第39号と同様,組込デリバティブの経済的特徴およびリスクが主契約の経済的特徴およびリスクに密接に関連していない場合,分離処理するか,複合金融負債全体を公正価値で評価することとしています。

　このように,IFRSにおける「公正価値オプション」は,いつでも公正価値を選択できるというわけではなく,一定の場合において,公正価値で評価することを認める会計処理とされています。

公正価値ヘッジ

Q 公正価値ヘッジの場合，ヘッジ会計を行わず，ヘッジ対象も公正価値で評価し，評価差額を当期純利益に認識すればよいのではないでしょうか。

【関連会計基準等】金融商品基準，IFRS 第 9 号

A ヘッジ対象を再測定するヘッジ会計（公正価値ヘッジ会計）では，ヘッジ対象のうち特定のリスクに起因する変動差額のみを当期純利益に認識します。このため，単なるヘッジ対象の公正価値測定とは異なり，より費用収益の対応を図ることができ，この点に公正価値ヘッジ会計の存在意義があると考えられます。

解　説

1　ヘッジ関係の種類とヘッジの会計処理

ヘッジ関係には，ヘッジ対象のどのようなエクスポージャーを，ヘッジ手段によって相殺するかにより，次の2つの種類があります。

(1) 公正価値ヘッジ
(2) キャッシュ・フロー・ヘッジ

また，ヘッジ会計には，ヘッジ手段とヘッジ対象の変動をどのように相殺するかにより，次の2つの種類があります。

(1) 再測定ヘッジ（ヘッジ手段の公正価値変動差額を損益とし，ヘッジ対象の特定のリスクに起因する変動差額も損益とする。時価ヘッジともよばれる）
(2) 繰延ヘッジ（ヘッジ手段の公正価値変動差額をその他の包括利益（OCI）とし，ヘッジ対象の損益が認識されるまで繰り延べる）

日本の金融商品基準では，ヘッジ関係の種類と会計処理とを区別し，いずれのヘッジ関係においても，原則として繰延ヘッジ法によることとしています。

ヘッジ関係の種類 \ ヘッジの会計処理	再測定ヘッジ法 （時価ヘッジ法）	繰延ヘッジ法
公正価値ヘッジ	○（可能）	◎（原則）
キャッシュ・フロー・ヘッジ	×	◎（原則）

これに対して，IFRSでは，再測定ヘッジ法を「公正価値ヘッジ会計」，繰延ヘッジ法を「キャッシュ・フロー・ヘッジ会計」としており，ヘッジ関係の種類とヘッジの会計処理を結びつけています。

ヘッジの会計処理 ヘッジ関係の種類	再測定ヘッジ法 （公正価値ヘッジ会計）	繰延ヘッジ法 （キャッシュ・フロー・ヘッジ会計）
公正価値ヘッジ	◎（原則）	×
キャッシュ・フロー・ヘッジ	×	◎（原則）

もっとも，IASBが2010年に公表した公開草案「ヘッジ」では，公正価値ヘッジを再測定ヘッジ法から繰延ヘッジ法の仕組みに置き換えることが検討されていました。これは，ヘッジ対象の測定基礎がヘッジ会計の影響を受けず，同じメカニズムによって，エクスポージャーの管理状況を財務諸表に反映することができることによります。しかし，公正価値ヘッジにおいて，ヘッジ対象の公正価値変動を認識せず，ヘッジ手段の公正価値変動差額だけをOCIに認識することは，OCIと資本に人工的なボラティリティを生じさせるという理由などにより，基準化はされていません。

2 公正価値ヘッジ会計とは何か

ヘッジ会計は，そもそもヘッジ対象を公正価値評価していないため必要となっていたものであり，ヘッジ関係の効果を表現するためにヘッジ対象を再測定するのであれば，ヘッジ会計は要らないという意見があります。また，ヘッジ手段を公正価値で評価していなければ，そもそも公正ヘッジ会計は不要となるという意見もあります。これらから公正価値ヘッジ会計は，広い意味で，いつ何を公正価値で評価するかという問題につながります。

しかし，公正価値オプション（☞Q65）など，単なるヘッジ対象の公正価値測定では，その変動のすべてを当期純利益に認識するのに対し，ヘッジ対象を再測定するヘッジ会計（公正価値ヘッジ会計）では，ヘッジ対象のうち特定のリスクに起因する変動差額のみを当期純利益に認識します。この結果，より費用収益の対応（☞Q28）を図ることができるため，この点に公正価値ヘッジ会計の存在意義があると考えられます。

公正価値オプションと公正価値ヘッジ

Q ヘッジ会計の複雑性を回避するために，公正価値オプションが採用されているのでしょうか。

【関連会計基準等】金融商品基準，IFRS 第 9 号

A IFRS では，公正価値の拡大を図るように2003年改正において導入され，2005年改正において会計上のミスマッチの削減といった要件が加えられ，ヘッジ会計の代わりになることも期待されていたものの，2013年改正の IFRS 第 9 号では，ヘッジ会計の第 6 章ではなく，分類の第 4 章に記載されています。

解 説

1 公正価値ヘッジ会計における有効性の緩和

ヘッジ会計は複雑であることから，簡素化する 1 つの方法として，「公正価値ヘッジ会計」（☞ Q66）の有効性の緩和があります。ヘッジ会計は，ヘッジ対象とヘッジ手段との間の相関関係を前提にして，原則的な会計処理ではなく，いわば例外的な会計処理の選択を認めるものであることから，一定の有効性を前提とすべきと考え，これまで IAS 第39号「金融商品：認識及び測定」では，金融商品基準と同様，ヘッジ会計は，高い有効性がある（highly effective）ことを定量的に確認することを条件としていました。しかし，非有効部分を継続的に当期純利益として認識するのであれば，ヘッジ有効性の要件を緩和しても，ヘッジの効果を適切に示さなくなる可能性は少ないと考えられます。

また，有効性がある場合のヘッジ指定に対し，ヘッジ指定の解除も柔軟に認めるべきかどうかという論点もあります。ヘッジ会計は，一定の要件を満たすことが必要であるものの，経営者の意図に基づき会計処理の方法を変更するものであることから，柔軟性を認めるべきであるという意見があります。他方，恣意性が働く可能性もあり，同じ経済効果が継続している以上，経営者の意図によって会計処理を変えるべきではないという考え方もあります。

これらの観点から，2013年11月に IFRS 第 9 号「金融商品」が改正され，

ヘッジ会計が見直されています。

2　公正価値オプションの適用拡大

　IAS第39号では，2003年改正により，幅広い範囲で任意で適用できる公正価値オプションを認めたものの，不適切な使用に対する懸念があることから，2005年改正により，会計上のミスマッチ（☞Q28）を消去または大幅に削減する場合などに限って適用されるものとしています。したがって，現在の公正価値オプションは，会計上のミスマッチを削減する「公正価値ヘッジ会計」と基本的な考え方は同じです。

　また，IASBが2008年3月に公表したDP「金融商品の報告における複雑性の低減」（☞Q63）では，ヘッジ会計の複雑性を避け，簡素化する1つの方法として，公正価値オプションの適用を拡大することが考えられるとしていました。しかし，IFRS第9号では，ヘッジ会計の第6章ではなく，分類の第4章に記載しています。

　2013年改正のIFRS第9号では，ヘッジ会計の適格要件を緩和するとともに，それまでの公正価値オプションの適用範囲を拡大し，さらに，信用リスクに対する柔軟な公正価値オプションを認め，ヘッジ会計の第6章に記載しています。

　以前から，公正価値ヘッジ会計と公正価値オプションとの関係は整理されていませんが，それは，公正価値会計の範囲をどうするかが，必ずしも整理されていないことに起因していると考えられます。

	公正価値オプション	公正価値ヘッジ会計
指定の時期	当初認識時（＊1）	ヘッジ関係が適格な要件を満たした場合
指定の条件	会計上のミスマッチの解消	ヘッジ対象とヘッジ手段との間に経済的関係があることなど（80-125%以内であるという高い有効性基準は削除）
会計処理	対象となる金融商品全体を公正価値で認識し，損益へ	ヘッジリスクに起因するヘッジ対象の価値変動を認識し，損益へ
指定の解除	取消不能（＊2）	ヘッジ関係が適格な要件を満たさなくなった場合

（＊1）　信用リスクを管理するためにクレジット・デリバティブを使用している場合は，当初認識時に限らず，同一の信用リスクに基づく経済的関係があるときに指定できる。
（＊2）　信用リスクを管理するためにクレジット・デリバティブを使用している場合は，同一の信用リスクに基づく経済的関係がなくなったときに指定を解除する。

OCI オプション

Q IFRS には，「その他の包括利益（OCI）オプション」とよばれる会計処理があるようです。これは，文字どおり，いつでも公正価値の評価差額等を OCI に計上することを選択できるという会計処理でしょうか。

【関連会計基準等】IFRS 第 9 号

A いいえ。IFRS 第 9 号では，公正価値の評価差額等を OCI に計上することを選択できますが，当初認識時に指定し取消不能という条件が付されています。

1　OCI オプションの概要

2009 年 11 月に公表された IFRS 第 9 号「金融商品」では，それまでの IAS 第 39 号の金融資産の 4 つの分類を改め，以下の 2 分類に簡素化しました。

(1)　償却原価（☞ Q78）で測定されるもの
(2)　公正価値（☞ Q62）で測定されるもの

売買目的保有ではない資本性金融商品（株式など）への投資については，当初認識時に指定し取消不能という条件で，公正価値評価差額を OCI（☞ Q37）に認識することを指定する選択肢（OCI オプション）も認めています。その場合，受取配当金は当期純利益へ計上されますが，売却損益や減損損失は当期純利益への振替（リサイクリング，☞ Q36）を行わないとしています。

なお，2014 年 7 月改正の IFRS 第 9 号では，債権・債券のうち OCI を通じて公正価値で測定する FVOCI の区分（☞ Q21）を設けています。

2　OCI オプションが定められた理由

IFRS 第 9 号では，資本性金融商品に対する投資に関して，公正価値が最も有用な情報を財務諸表の利用者に提供すると考えています（☞ Q64）。しかし，一部の資本性金融商品への投資に関する公正価値評価による利得・損失を当期純利益に表示することは，企業の業績を示さない可能性があります。特に，企

業がそうした資本性金融商品を，主として投資の価値の増加のためではなく，契約に基づかない便益のために（たとえば，自らの製品を販売する必要性から）保有している場合に該当します。

また，財務諸表の利用者は，企業を評価する際に，企業の保有する資本性金融商品から生じる公正価値について，投資リターンを生み出す以外の目的のものと，売買目的で保有するものとを区別していることが多いようです。このため，IASBでは，一部の投資に係る利得・損失をOCIに区分表示することは，財務諸表の利用者に有用な情報を提供する可能性があるとしています。

この際，IASBでは，資本性金融商品が「戦略的投資」を表しているかどうかなど，他の持分投資と識別するための原則を検討しました。しかし，明確で確固たる原則を開発することは困難であるため断念し，代わりに，その選択は当初認識時に指定し取消不能としなければならないものとしています。

3　OCIオプションにおけるリサイクリングの禁止

さらに，OCIに認識した評価差額について株式の売却時や減損時にリサイクリング（☞Q36）を行わないという取扱いについて，IFRS第9号の公開草案に対する多くのコメントは支持せず，実現損益と未実現損益とを区分することを維持するアプローチを支持し，すべての実現損益は，企業の業績指標である当期純利益に含めるべきであるとしていました。しかし，IFRS第9号では，以下の理由により，リサイクリングを禁止するとしています。

(1) そうした投資に対する利得や損失は，一度だけ認識すべきである。
(2) リサイクリングは，IAS第39号の売却可能投資と同様に，適用上の問題を引き起こす株式の減損処理を必要とする。これは，金融資産の財務報告にとって大きな改善や複雑性の低減をもたらさない。

さらに，IASBでは，そのような資本性金融商品が，売買目的で保有される持分投資ではないからこそOCIに表示すべきであるとすれば，売却によってリサイクリングしないことは，その性質と整合すると考えています。また，リサイクリングしないとすることは，実務上，OCIオプションの使用が限定的になり得るとも考えているようです。

棚卸資産の公正価値評価

Q 日本では、トレーディング目的で保有する棚卸資産を時価評価していますが、これはIFRSによる処理と異なりますか。

【関連会計基準等】棚卸資産基準、IAS第2号、IAS第41号

A いいえ。IFRSにおいても、公正価値で管理することが慣行となっているコモディティーのブローカー／トレーダーは、公正価値に基づいて棚卸資産を測定するものとしています。ただし、その考え方が整理されているかどうかについては、異なっています。

解説

1 日本における棚卸資産の評価

棚卸資産基準では、通常の販売目的で保有する棚卸資産は、取得原価をもって貸借対照表価額とし、期末の正味売却価額が取得原価よりも下落している場合には、当該正味売却価額をもって貸借対照表価額としています（☞Q82）。

他方、トレーディング目的で保有する棚卸資産については、市場価格に基づく価額をもって貸借対照表価額とし、帳簿価額との差額は、当期の損益として処理するものとしています。この場合、以下が前提とされています。

(1) 活発な取引が行われるよう整備された、購買市場と販売市場とが区別されていない単一の市場（たとえば、金の取引市場）が存在すること。
(2) そうした市場で、当初から加工や販売の努力を行うことなく単に市場価格の変動により利益を得ることを目的としていること。
(3) 売買・換金に対して事業遂行上等の制約がないこと。

また、その会計処理の具体的な適用は、金融商品基準における売買目的有価証券に関する取扱いに準じるものとしています。

2 IFRSにおける棚卸資産の評価

IAS第2号「棚卸資産」では、公正価値で管理することが慣行となっている

コモディティーのブローカー／トレーダーについては，IAS第2号を適用せず，公正価値から販売費用を控除した後の金額で棚卸資産を測定し，その変動分は，当期純利益として認識するものとしています。

このような取扱いにつき，IAS第2号では，コモディティーのブローカー／トレーダーが価格の変動または利ざやから利益を得ようとしていることから，適切であるとしています。しかし，財務報告の目的である意思決定に有用な情報を提供するという観点から，十分な説明はされていません。また，業種ごとに会計処理を定めないとしているIASBの姿勢とは異なっています。

さらに，IAS第41号「農業」では，農産物として収穫されるまでの生物資産（biological assets）について，原則として公正価値測定を行い，その変動を当期純利益に反映するとしています。これは，公正価値の変動が生物学的変化の効果を最もよく反映するためとしています。

3 棚卸資産と金融投資

再度，棚卸資産基準に従って，時価評価の理由を確認してみましょう。棚卸資産基準において，トレーディング目的で保有する棚卸資産については，まず，投資家にとっての有用な情報は棚卸資産の期末時点の市場価格に求められるとして，ストック情報としての有用性の観点から時価評価を説明しています。

次に，そうした棚卸資産の場合，市場価格の変動にあたる評価差額が企業にとっての投資活動の成果と考えられることから，その評価差額は当期の損益として処理することが適当と考えられるとして，過去の成果を示すフロー情報の観点から，当該会計処理の理由を説明しています。

これは，時価以上ののれん価値は期待されていない「金融投資」であり，同じ棚卸資産であっても，通常の販売目的で保有する「事業投資」とは異なり，時価評価がむしろ適当であると考えられます（☞ Q26, Q61, Q63）。

事業投資	金融投資
通常の販売目的の棚卸資産	トレーディング目的の棚卸資産

しばしば，IFRSは概念フレームワークから演繹的に会計基準が開発されているといわれますが，この例からは，日本の会計基準のほうが，後発であるがゆえに，概念フレームワークに沿って体系的に開発されていることが窺えます。

投資不動産の公正価値評価

Q IFRSでは，投資不動産の原価評価と公正価値評価の選択適用を認めていますが，いずれかに統一すべきではないのでしょうか。

【関連会計基準等】賃貸等不動産基準，IAS 第16号，IAS 第40号

A IASB では，ある実態に対して複数の会計処理を認めるべきではないとしているため，その考え方からは，いずれかに統一すべきと考えられます。IAS 第40号は，投資不動産の公正価値評価を強制しようという経緯で導入されていますが，「投資不動産」の定義を緩和化し，公正価値評価を選択適用していることにより，現状，受け入れられている側面があります。

解説

1 IAS 第40号「投資不動産」の概要と背景

IAS 第40号では，原価モデルまたは公正価値モデルのいずれかを会計方針として選択し，当該方針を投資不動産のすべてに適用するものとしています。

選択できる方法	会 計 処 理
原価モデル (cost model)	IAS 第16号「有形固定資産」の原価モデルに従って測定する（このため，当初認識後，取得原価から，減価償却累計額および減損損失累計額を控除して計上する）。
公正価値モデル (fair value model)	当初認識後，公正価値が信頼性をもって算定できない場合を除いて，すべての投資不動産を公正価値で評価し，評価差額は，発生した期の当期純利益に含める。

ここで，「投資不動産」とは，IAS 第16号が適用される自己使用不動産や IAS 第2号が適用される販売用不動産を除き，賃貸収益を得るか資本増価のため，または，その両方を目的として，保有する不動産をいいます。

2 IAS 第40号における公正価値モデル

投資不動産は，企業が保有する他の資産とはほとんど独立したキャッシュ・フローを生み出すため，自己使用不動産とは区分され，公正価値モデルが適切

であるという意見を反映し，IAS 第40号では，公正価値モデルにつき，次のように述べています。
 (1) 投資不動産の公正価値は，企業が不動産を近い将来に売却する可能性が高いかどうかに関係なく，将来正味賃料収益の市場における価値を表す。
 (2) 不動産の経済的業績は，その期間に稼得される正味賃料収益と将来の正味賃料収益の価値の変動との両方で構成されると考えることができる。

 IAS 第40号では，投資不動産について公正価値モデルのみを要求することは実務上不可能であるという意見があるものの，公正価値モデルを認めることは望ましいと考えられたため，2000年4月に，公正価値モデルと原価モデルのいずれかを選択することを認めたものとして公表されています。

3 公正価値評価の選択肢

 IASB では，ある実態に対して複数の会計処理を認めるべきではないとしているため，その考え方からは，いずれかに統一すべきと考えられます。この点，欧州において IFRS を用いている大手の不動産関連企業では，多くが公正価値モデルを採っているようです。これは，日本と比べて欧州では，活発な市場（☞ Q62）が存在しているためではなく，物件の修理や改善，テナントの管理など企業のノウハウが不要である場合が多く，近い将来に売却するものではなくとも，公正価値での評価が，内部管理的にもなじむ背景があるものと思われます。

 これは，金融商品における公正価値オプション（☞ Q65）にも通ずる事情であり，公正価値を比較的入手しやすい場合において，当該公正価値で評価するかしないかは，企業による投資に対する期待の程度によって選択させることの方が受け入れやすいという証左であるものと考えられます。

 これに対し，日本では，トレーディング目的で保有する棚卸資産（☞ Q69）に該当するものがあれば，不動産であっても時価評価されることとなるものの，単に賃貸収益を得ることを目的として保有される不動産（賃貸等不動産）を時価評価してその差額を損益とすることは適当ではないとしている点で，会計処理の選択適用は制約的です。

固定資産の公正価値評価

Q IFRSでは，建物等の有形固定資産の評価においても公正価値評価が認められており，今後，公正価値評価のみの方向になるのでしょうか。
【関連会計基準等】IAS 第16号，IAS 第40号

A 少なくとも，利用によってキャッシュ・フローの獲得を期待する有形固定資産が，公正価値評価のみの方向に統一されていくことにはならないと考えられます。

解 説

1 IAS 第16号「有形固定資産」の概要

IAS 第16号では，原価モデルと再評価モデルのいずれかを会計方針として選択し，当該方針を有形固定資産における種類のすべてに適用するものとしています。

(1) **原価モデル（cost model）**

当初認識後，取得原価から，減価償却累計額および減損損失累計額を控除して計上する。

(2) **再評価モデル（revaluation model）**

当初認識後，公正価値が信頼性をもって測定できる有形固定資産は，再評価日における公正価値から，その後の減価償却累計額および減損損失累計額を控除した評価額で計上し，再評価差額を以下のように取り扱う。

再評価差額		取　扱　い
再評価時	差益（増加額）	原則として，その他の包括利益（OCI）（☞ Q37）に認識し，再評価剰余金として資本に計上
	差損（減少額）	原則として，損益に認識
資産の除却または処分時		資本に含まれている再評価剰余金は，資産の認識を中止したときに，損益を通さず，直接，利益剰余金に振り替えられる（リサイクリングしない）。

2 再評価モデルの特異性

以前の IAS 第16号において再評価モデルは代替法であり、原価モデルが原則法でした。しかし、2003年の改正により、前述のように再評価モデルが並列的に列挙され、会計方針として選択適用されることとなりました。

再評価モデルは、再評価後の公正価値に基づき減価償却や減損処理が行われます。また、再評価差益は OCI で認識され売却してもリサイクリング（☞ Q36）しないものの、再評価差損は損益に認識することとしています。この再評価モデルは、金融商品などの公正価値評価とは異なり、実体貨幣資本維持（評価差額は資本維持修正額として資本に計上）の変形として生き残っている特定の国での会計慣行を踏まえた特異な会計処理と考えられます。

3 IFRS における有形固定資産の公正価値評価に対する懸念

IAS 第16号の再評価モデルと IAS 第40号の公正価値モデル（☞ Q70）は、同じ有形固定資産の公正価値評価といっても、異なる背景によって基準化されたものであり、以下のような相違があります。

	IAS 第16号の再評価モデル	IAS 第40号の公正価値モデル
適用範囲	有形固定資産における種類のすべて	投資不動産すべて
評価差額の扱い	差益は、原則として OCI 差損は、原則として損失	差損益ともに、損益
減価償却	行う	行わない

IASB では、2001年の改組以来、会計基準における選択肢を削減したりなくしたりすることは改善であるとしています。しかし、公正価値オプション（☞ Q26）や投資不動産（☞ Q70）と同様に、これらに関しては、むしろ選択肢があることによって、さまざまな見方に対応しているようです。

この点、2018年改正の IASB 概念フレームワークでは、混合測定の考え方（☞ Q26）を示しており、また、事業活動が間接的にキャッシュ・フローを生み出す経済的資源の使用を含む場合、歴史的原価は、その活動に関するレリバントな情報を提供する可能性が高いとしています。このため、特に、利用によってキャッシュ・フローの獲得を期待する有形固定資産が、公正価値評価のみの方向に統一されていくことにはならないものと思われます。

年金資産の公正価値評価

Q 年金資産の多くは金融資産から構成されていますので,すべて公正価値(時価)で評価し,損益に反映すべきなのでしょうか。

【関連会計基準等】退職給付基準,IAS 第19号

A いいえ。年金資産はどのような性格であり,公正価値(時価)評価する理由は何かによって,評価差額の取扱いも変わってくるでしょう。

解 説

1 退職給付基準における年金資産とその運用損益の取扱い

2012年5月に改正された退職給付基準において,年金資産は,従来と同様に表示上,退職給付債務とネットされますが,その測定は,以下のように独立して行われています。

	会計処理の概要
ストックの算定	年金資産の額は,期末における時価により計算する。
フローの算定	期待運用収益は,期首の年金資産の額に合理的に期待される収益率(長期期待運用収益率)を乗じて計算する。
ストックの直接的な算定とフローに基づく間接的な算定の差	年金資産の期待運用収益と実際の運用成果との差異は,「数理計算上の差異」(☞ Q57, Q89)として,平均残存勤務期間以内の一定の年数で按分した額を毎期費用処理する。当期に発生した未認識数理計算上の差異は,税効果を調整の上,その他の包括利益(OCI)に計上する。

2 年金資産を「金融投資」とみる見方

これに対し,年金資産の額を,期末における公正価値により計算し,かつ,公正価値評価差額を含む実際の運用成果を損益に計上する方法は,年金資産を「金融投資」(☞ Q26)とみる見方といえます。これは,企業価値の増減に直接関係するのは公正価値(ストック情報)であり,公正価値の変動(フロー情報)は有用ではないとみる立場と考えられます。

なお,2011年に改正されたIAS 第19号では,実際の運用成果をOCIに計上

しますが，リサイクリング（☞ Q36）しないとしています（☞ Q37）。これは，公正価値評価差額を含む実際の運用成果は，将来キャッシュ・フローの予測またはその改訂に役立つわけではないため，公正価値の評価差額を他の損益と区分表示するためであるとすれば，年金資産を「金融投資」とみる見方と同様といえます。しかし，そうであれば当期純利益に反映すべきともいえ，どのような体系の中での位置づけであるのかは明確ではありません。

3　年金資産を「事業投資」とみる見方とリサイクリング

　営業費用となる退職給付の拠出分の積み立てである年金資産の運用損益は，勤務費用とともに発生基準により計上すべきという見方や，年金資産は運用ポートフォリオの組成等により全体として固有の価値を生むものであるという見方によれば，年金資産は「事業投資」（☞ Q26）とみることができます。

　この場合，期首残高に長期期待運用収益率を乗じた年金資産の期末簿価は，償却原価による評価に近いものとなります。しかし，年金資産は，通常，市場性のある金融資産などで構成されているため，その他有価証券などと同様に，貸借対照表上は公正価値で評価し，評価差額をOCI（数理計算上の差異）とすることが考えられます。このOCIのリサイクリングについては，「事業投資」と捉えた年金資産の簿価と実際の給付（認識の中止）時の価額との差額が，いわば売却損益となることを踏まえれば，以下のような処理が考えられます。

(1) 年金資産全体を会計単位とし，すべての退職給付債務を決済して確定給付制度を消滅させるような場合に，OCIをリサイクリングする方法（これは，在外子会社の為替換算調整勘定に類似した処理です）

(2) 個々の給付は常時なされているため，その給付ごとに売却損益が認識されるようにリサイクリングする方法（これは，数理計算上の仮定に考慮される退職等に伴う個々の給付を「清算」と考えるものですが，実際には煩雑なので，みなし売却損益として，平均残存給付期間にわたりOCIを規則的にリサイクリングする処理です）

　これまでは，なぜ年金資産を公正価値で評価するかについては，必ずしも深く議論されていません。年金資産はどのような性格であり，公正価値評価する理由は何かによって，評価差額の取扱いも変わってくるでしょう。

保有目的（分類）の変更

Q 金融危機の際，IFRSでは，それまで認めていなかった金融資産の分類変更を認めましたが，認めるべきではなかったのではないでしょうか。

【関連会計基準等】IAS第16号，IAS第40号，IFRS第5号，IFRS第7号，IFRS第9号

A そうかもしれません。ただし，他のIFRSと同様，そもそも保有目的を含む企業の意図や戦略が変更された場合には，変更による財務情報の信頼性を著しく損なわない範囲で，変更を反映させるように会計処理すべきと考えられます。

解説

1 金融危機におけるIAS第39号の改正

IASBでは，リーマンショックのあった2008年9月の直後の10月に，公開草案の公表等のデュープロセスを経ることなく，IAS第39号「金融商品：認識及び測定」とIFRS第7号「金融商品：開示」を改正しました。それは，稀な状況において，デリバティブ以外の売買目的の投資（当期純利益を通じ公正価値で測定）から，保有目的区分の変更を認めるものです。

IAS第39号において，この改正は，米国基準に定める金融資産の保有目的区分の変更の要件との相違に取り組むよう要請を受け公表されたものとしています。また，この例外的な手続は，一部の企業に短期的な救済を与えるためにIAS第39号の既存の定めを緩和したものであるとしています。

なお，この改正を受けて，日本でも早急に対応すべきという意見により，ASBJは，デュープロセスを経ながら，当面必要と考えられる取扱いを2010年3月31日までの適用とする実務対応報告第26号「債券の保有目的区分の変更に関する当面の取扱い」を2008年12月に公表しました（その後，ASBJは，この適用事例が少数にとどまっていること，最近の経済環境下においては必要性が乏しいことから，適用期間満了となる2010年3月31日をもって実務対応報告第26号を廃止しています）。

2 投資の性格に応じた会計処理と分類変更

IASB 概念フレームワークでも,混合測定の考え方が採られています(☞Q26)。また,事業投資や金融投資という投資の性格に応じた会計処理は,企業価値評価モデルに即して整理できるため,むしろ共通とすべき考え方と思われます。投資の性格は,随時,換金可能かどうかという外的な条件と,事業の遂行によって市場価格を上回る資金の獲得を期待しているものであるかどうかという内的な条件により分類されます(☞Q61,Q63)。

このため,保有目的を含む企業の意図や戦略が変更された場合には,変更による財務情報の信頼性を著しく損なわない範囲で,変更を反映させるように会計処理すべきと考えられます。これは,金融危機のような異常時の問題ではなく,平常時のときから検討すべき論点でしょう。IFRSでは,以下のような分類変更を定めています。

(1) IFRS 第9号「金融商品」により,企業のビジネスモデル(☞Q21)の目的が変更される場合には,金融資産の分類変更を行う(ただし,この変更は極めて稀にしか起こらないと予想され,また,企業にとって重要で,外部者に対して実証できるものでなければならないとしている)。

(2) IAS 第40号「投資不動産」により,用途変更が証明される場合に,分類変更を行う。

変更前	変更後	証明すべき用途変更
投資不動産	自己使用不動産	自己使用の開始
	棚卸資産	販売する計画を伴う開発の開始
自己使用不動産	投資不動産	自己使用の終了
棚卸資産		他者へのオペレーティング・リースの開始

(3) IAS 第16号「有形固定資産」により,有形固定資産について,以下の分類変更を行う。
　① IFRS 第5号に従って,継続的使用よりも主として売却取引により回収される場合には,売却目的保有の資産に振替
　② 通常の事業活動において,他者への賃貸用に保有していた有形固定資産を日常的に売却している企業は,賃貸をやめて販売目的で保有するようになった場合,棚卸資産に振替

より理解を深めるために⑥

本章では，どのような場合に公正価値による測定を行うかを述べてきました。公正価値の入力数値によるレベルの区分（☞Q62）は，認識・測定の段階では直接，用いられていませんが，注記において利用されています。たとえば，IFRS第13号では，公正価値のヒエラルキー（レベル1, 2または3）を，公正価値で測定される資産・負債のクラスごとに開示することとしています。

[開示例] 三井物産㈱ 有価証券報告書（2018年3月期）
「9．金融商品及び関連する開示」から（一部加工）

（単位：百万円）

	レベル1	レベル2	レベル3	相殺調整(注)	公正価値合計
資産：					
営業債権及びその他の債権	−	−	21,380	−	21,380
その他の投資：					
FVTPLの金融資産	24,774	−	110,827	−	
FVTOCIの金融資産	1,046,586	−	638,851		
計	1,071,360		749,678		1,821,038
デリバティブ債権	10,690	544,342	16,831	△364,135	207,728
棚卸資産	−	103,780	−	−	103,780
資産合計	1,082,050	648,122	787,889	△364,135	2,153,926
負債：					
デリバティブ債務	15,147	475,990	13,957	△354,496	150,598
負債合計	15,147	475,990	13,957	△354,496	150,598

（注）相殺調整には，相殺を認める強制可能な法的権利が現時点で存在し，かつ，純額ベースでの決済または資産の実現と同時に負債を決済する意図が存在する場合にのみ相殺表示した金額が含まれている。

さらに，IFRS第13号では，レベル3のインプットを使用して定期的に公正価値を測定するものについて，期首から期末までの調整表を開示することとしています。また，IFRSでも日本基準でも，公正価値で測定されていない場合でも，金融商品や投資不動産（賃貸等不動産）の公正価値を注記で開示することとしています。このように，情報ニーズへの対応などの形で，さまざまな公正価値情報が，財務諸表本表への認識・測定を離れて，注記により開示されています。

第7章

取得原価による測定
―配分

棚卸資産の費用配分

Q 「企業会計原則」や「原価計算基準」では，棚卸資産について後入先出法（LIFO）が定められています。このため，後入先出法を適用して財務諸表を作成することができるでしょうか。

【関連会計基準等】企業会計原則，原価計算基準，棚卸資産基準，IAS 第 2 号

A いいえ。現在，日本では，後入先出法を適用して財務諸表を作成することは認められていません。

解 説

1 棚卸資産の評価方法

先入先出法や後入先出法，平均原価法等の棚卸資産の評価方法は，費用配分の方法（☞ Q29）として，会計上，以下の機能があります。
(1) 期末棚卸資産の価額を算定する。
(2) 払い出された棚卸資産の価額（当期の売上原価や原材料費等）を算定する。

企業会計原則では，棚卸資産の評価方法として，個別法，先入先出法，後入先出法，平均原価法等が列挙されています。また，原価計算基準でも，材料費や総合原価計算における完成品総合原価と期末仕掛品原価を計算する方法としても，それらが示されています。

しかし，2008年改正の棚卸資産基準では，選択できる評価方法から後入先出法を削除しています。この際，棚卸資産基準では，以下としていますので，現在，後入先出法を適用して財務諸表を作成することは認められていません。

> 棚卸資産の評価方法，評価基準及び開示に関しては，「企業会計原則」及び「原価計算基準」に定めがあるものの，本会計基準が優先して適用される。

なお，「一般に公正妥当と認められる企業会計の基準」ではない「中小企業の会計に関する指針」や「中小企業の会計に関する基本要領」にも，後入先出法の記述はありません。

2　後入先出法が削除された理由

　後入先出法は，他の評価方法に比べ，棚卸資産の購入から販売までの保有期間における市況の変動により生じる保有損益を期間損益から排除することができるため，当期の収益に対して同一の価格水準の費用を計上すべきであるという考え方に従えば，より適切な期間損益の計算に資するといわれてきました。しかし，後入先出法には，以下のような問題があるとされています。

(1)　後入先出法は，棚卸資産の貸借対照表価額が最近の再調達原価の水準と大幅に乖離し，また，棚卸資産の受払いが生じているにもかかわらず，市況の変動を長期間にわたって反映しない（これは，特定の時点で計上されることになる利益を単に繰り延べているにすぎない）。

(2)　後入先出法では，棚卸資産の期末の数量が期首の数量を下回る場合，期間損益計算から排除されてきた保有損益が当期の損益に計上され，その結果，期間損益が変動する。

(3)　後入先出法は，2003年改正のIAS第2号では，一般的に，棚卸資産の実際の流れを忠実に表現しているとはいえないとされている。

(4)　後入先出法を採用している上場企業は少ない上に，近年，その採用企業数は減少してきている。

　特に，(1)や(2)の指摘については，一定の事項を注記することとすれば，後入先出法を棚卸資産の評価方法として引き続き採用することに問題はないという意見もあったとされています。

　2008年改正の棚卸資産基準では，後入先出法の採用を引き続き認める必要があるか否かについて，それぞれを支持する考え方や意見があったものの，(3)でも示したように，近年IASBがIAS第2号の改正にあたって後入先出法の採用を認めないこととしたことを重視し，会計基準の国際的なコンバージェンスを図るため，選択できる評価方法から後入先出法を削除することとしたとしています。

　なお，米国基準では，後入先出法を認めており，AICPAの調査では，対象企業の約40％後入先出法を適用しています。

固定資産の減価償却

Q IFRSは，公正価値を重視しているので，固定資産について，減価償却を行わないのでしょうか。

【関連会計基準等】IASB概念フレームワーク，IAS第16号，IAS第38号，IAS第40号，IFRS第5号

A いいえ。IFRSでも，固定資産を使用する場合には減価償却を行います。ただし，固定資産を売却により回収する場合などには，減価償却を行わないことを定めています。

1 IASB概念フレームワークにおける減価償却

2018年改正前のIASB概念フレームワークでは，規則的かつ合理的な配分手続は，固定資産の使用に関連する費用の認識にあたって必要とされることが多く，「減価償却」(depreciation)または「償却」(amortisation)とよばれ，これらの項目に関連する経済的便益が費消または消滅する会計期間において費用を認識することを意図しているとしていました。

2018年改正のIASB概念フレームワークでは，この費用配分（☞Q29）に関する記載は削除されていますが，たとえば，資産の歴史的原価は，当該資産を構成する経済的資源の一部または全部の費消（減価償却または償却）を描写するために，一定の期間の経過とともに更新されるとしています。また，金融資産以外の資産が歴史的原価で測定される場合，資産の消費または売却により費用が生じるとしています。

2 IFRSにおいて固定資産を減価償却しない場合——評価の観点

IFRSでは，固定資産であっても，以下のような場合には，評価の観点から減価償却しない場合を定めています。

IFRS	項　　目
IAS 第40号	公正価値モデルを会計方針として選択した投資不動産
IFRS 第5号	売却目的保有に分類された固定資産

　投資不動産については，公正価値モデルを会計方針として選択した場合，当初認識後，公正価値が信頼性をもって算定できない場合を除いて，公正価値で評価し，その変動から生ずる差額を当期純利益に含めるため，減価償却は行われません（☞ Q70）。また，売却目的保有に分類される要件を満たす資産は，簿価または公正価値から売却費用控除後の額のいずれか低い金額で測定し，減価償却は行わないこととされています（☞ Q73）。

　これらは，固定資産の使用というよりも売却により回収されるためであるとしており，IASB 概念フレームワークに加え，各 IFSR においても混合測定の考え方を採っていることを示唆しています（☞ Q26，Q73）。

3　IFRS において固定資産を減価償却しない場合—配分の観点

　IFRS では，配分手続の中で減価償却を行わない場合も定めています。
(1)　残存価額が簿価を超える場合
(2)　耐用年数が無限である場合
(3)　耐用年数を確定できない無形資産の場合

　IAS 第16号「有形固定資産」において，残存価額は重要ではない場合が多いとしていますので，(1)は例外的であると考えられます。また，(2)は，IAS 第16号に示されているように，土地が挙げられます。

　さらに，IAS 第38号「無形資産」では，(3)のように，正味のキャッシュ・インフローをもたらすと期待される期間について予見可能な限度がない無形資産の耐用年数は確定できないとしています。有形資産の耐用年数は，物理的効用により上限が決まるため不確定とみなすことはできないものの，無形資産の耐用年数は，そうした根拠が存在しないとしています。また，IAS 第38号では恣意的に算定した最長期間にわたって償却することは，忠実な表現（☞ Q16）にはならないとしています。しかし，減価しているにもかかわらず，その年数の見積りが困難であるため減価しないとする会計処理のほうが忠実な表現にはならないと考えられます。

76 のれんの償却

Q のれんは、償却すべきなのでしょうか。
【関連会計基準等】企業結合基準、IFRS第3号、IAS第36号

A はい。実証研究による経験的証拠からは、のれんは、5年程度で減価するため、非償却ではなく、比較的短い年限による規則的償却を行うべきと考えられます。

解説

1 のれんの償却―日本において

日本では、企業結合基準において、のれんは資産に計上し、主に以下の点から、規則的な償却（20年以内のその効果の及ぶ期間にわたって、定額法その他の合理的な方法により償却）を行うものとしています。

(1) 規則的償却によれば、企業結合の成果たる収益と、それを生み出す投資原価を構成するのれんの償却という費用の対応（☞Q27）が可能になる。

(2) のれんが超過収益力を表すとみると、競争の進展によって通常、その価値は減価するため、のれんの効果の及ぶ期間やその減価のパターンが予測可能なものではないとしても、一定の期間にわたり規則的な償却を行うほうが合理的であると考えられる。

(3) のれんのうち、価値の減価しない部分の存在も考えられるが、その部分だけを合理的に分離することは困難であるため、分離不能な部分を含めて規則的な償却を行う方法には合理性がある。

2 のれんの償却―IFRSにおいて

IFRS第3号では、のれんは償却せず、減損処理を行うものとしています。IAS第36号において、主に以下の理由を挙げています。

(1) のれんの効果の及ぶ期間およびその減価のパターンは、一般に予測不可能であり、恣意的な期間でのれんの規則的償却を行っても有用な情報を提

供することはできない。
(2) 有形固定資産も，キャッシュ・フローを生み出すと想定される期間にわたって償却されているが，のれんと異なり，期待される物理的効用の上限が存在する。
(3) 厳格で実用的な減損テストを実施できれば，より頻度多く減損テストを行うことによって，財務諸表利用者により有用な情報を提供できる。

3　のれんの減価

のれんを規則的に償却するか非償却とするかについて，大日方隆著「整合性分析と実証研究」(『会計基準研究の原点』所収)では，実証研究による経験的証拠からは，のれんは，5年程度で減価すると考えられるとしています。

まず，ある時点で産業平均を上回る利益率を達成できたとしても，次第に利益率は産業平均に向けて低下し，平均に回帰すること，買収を行った企業も同様に利益率は低下していることという分析が多く報告されているとしています。また，投資家がのれんの償却額を除いた利益を利用して企業価値を評価しているという分析がありますが，償却期間との関係は考慮されておらず，それは，買収から3年程度以上経過したのれんの償却であり，むしろ短期間での償却は価値関連性が高いという分析が多いとしています。

これらから前掲稿では，従来，米国でも40年以内での償却期間はあまりにも長かったため，実態から乖離した償却額に情報価値がなく，より短期の年限で償却すべきことを示唆しているとしています。また，持続的に競争優位にある企業ののれん価値が減価しないという個別企業の事情を否定するものではありませんが，(限度があっても超長期であれば実質的に) 企業に恣意的な償却を認めた結果，情報価値を棄損していたと考えられるため，任意償却の否定は，非償却ではなく，一定年限による規則的償却が望ましいことを数々の実証結果が示しているとしています。

そうであるとすると，規則的な償却は行うべきであることに加え，前述したように企業結合基準では20年以内の期間にわたって償却している点を，1998年に「連結財務諸表原則」が改正される以前に行っていたように，5年以内での償却が適切であるということになります。

ストック・オプションの費用配分

Q IFRSにおいて，勤務条件があるストック・オプションを，付与時に全額前払計上しないのは，なぜでしょうか。

【関連会計基準等】ストック・オプション基準，IFRS第2号

A それは，IFRSにおいて，資本であるストック・オプションは，資産と負債の測定値に左右される残余持分であるため，受領される財・サービスに応じて資本の増加を認識するものとしていることによるものと考えられます。

解説

1 IFRSにおける「ストック・オプション」の認識

日本のストック・オプション基準では，自社株式オプション（自社の株式を原資産とする売建コールオプション）のうち，特に企業がその従業員等に報酬として付与するものを「ストック・オプション」としています。

これに対し，IFRS第2号「株式報酬」では，日本でいう株式オプションを「ストック・オプション」としており，このうち，自社のストック・オプションを対価として財・サービスを受け取る取引を，①従業員との取引と，②従業員以外との取引とにわけて会計処理を定めています。この際，IFRS第2号では，いずれの場合でも，受領時に認識するものとし，サービスは，通常，直ちに費消されるため，受領時に費用が認識されるとしています。

この点，IASB概念フレームワークにおいて，「費用」は資本取引以外の資産の減少や負債の増加としているため，その定義を満たしていないという意見もあります。しかし，IFRS第2号では，IASB概念フレームワークにおいて，「資産」は貸借対照表上で資産として認識される資源に限られるものではないと説明している（☞ Q43）ことから，サービスは受領されたときに資産に該当し，直ちに費用として認識されるとしています。

サービスの受領 ⟹ 資産に認識 ＝ 直ちに費用として認識

また，IFRS 第2号では，付与したストック・オプションがすでに確定しているか否かにより，受け取ったサービスの量が異なるものとみなしています。

(1) 付与したストック・オプションが直ちに確定している場合には，サービスをすでに受け取っているものとみなされ，全額を費用認識する。
(2) 付与したストック・オプションを対価として従業員から勤務サービスを受領するが，その権利確定のために一定期間の勤務を要求する場合，従業員からのサービスは，権利確定期間中に受け取るものと想定し，サービスが権利確定期間中に提供されたときに費用認識する。

2 付与された「ストック・オプション」全体の未認識

これに対して，従業員がストック・オプションの権利確定のために一定期間の勤務を要求される場合でも，すでにストック・オプション自体は付与されているため，その総額で測定することも考えられます。

[設例] 期首に，3年間の勤務を条件にストック・オプションを付与し，付与時の金額は30であった。

総額で計上する場合，以下の処理を行います。

	借　方		貸　方	
付与時	前払費用	30	ストック・オプション	30
期末時	費　用	10	前払費用	10

しかし，IFRS では，ストック・オプションは負債ではないため資本とされており，資本は，資産と負債の測定値に左右される残余持分であるため，受領される財・サービスに応じて資本の増加を認識するものとしています（☞ Q51）。このため，権利確定期間にわたって認識していくこととしています。

	借　方		貸　方	
付与時	（なし）			
期末時	費　用	10	ストック・オプション	10

金融資産の償却原価

Q 償却原価は，ストック残高を直接的に評価するものではなく，フローの配分を行った結果の測定値と考えてよいでしょうか。

【関連会計基準等】金融商品基準，IFRS 第9号

A はい，そのように考えられてきています。

1 償却原価とは

金融商品基準およびその実務指針において，金融資産の償却原価とは，債権額と異なる金額で計上した場合において，当該差額が主に金利の調整部分に該当するときに，これを償還期に至るまで毎期一定の方法で取得価額に加減した後の価額をいうものとしています。

これに対し，IFRS 第9号では，金融資産の償却原価とは，以下をいうものとしています。

　　当初認識時に測定された金額
－) 元本返済額
±) 当初金額と満期金額との差額についての実効金利法による償却累計額
－) 減損損失累計額
　　金融資産の償却原価

IFRS 第9号における金融資産の償却原価は，減損または回収不能額を控除した後の金額となるため，その控除前の金額を償却原価としている日本での取扱いとは異なります（日本では，その控除後の金額は，「帳簿価額」とされています）。

2 償却原価の意味

そのような定義上の差異を超えて，両者の意味が異なる可能性があります。日本において，償却原価は，受取利息を期間配分する方法（☞ Q29）とされ，

原則として利息法によりますが，契約上，その元利の支払が弁済期限に一括して行われる場合や規則的に行われることとなっている場合には，定額法によることができるものとされています。これは，将来のキャッシュ・インフロー（未収入）を見越して期間配分するものであり，したがって，主従関係があるものの，利息法と定額法の2つの方法があるとしています。

IFRS第9号において償却原価は，実効金利法（利息法）を用いることとしており，重要性がない場合を除き，定額法を用いることは示されていません。もっとも，それは，実効金利（予想残存期間における将来キャッシュ・インフローの見積額を，その正味帳簿価額まで割り引く利率）によって，関係する期間に受取利息を配分する方法をいうとされています。

2018年に改正されたIASB概念フレームワークにおいても，償却原価は，歴史的原価の1つとされています。また，支出原価での測定という説明ではありませんが，当初認識時の割引率によって割り引いた将来キャッシュ・フローを反映するとし，利息の発生や受払，減損などの事後的な変動を描写するように，一定期間にわたって見直されるとしています。

しかし，検討の過程において，金融資産や金融負債について使用されている償却原価は，各測定日において，実効金利を用いて割り引いた残存期間にわたる予想キャッシュ・フローの現在価値であり，したがって，「キャッシュ・フロー・ベースの測定」として説明することもできるという見方もありました。この場合には，契約に基づく配分というフローを重視する思考ではなく，予想キャッシュ・フローの現在価値を直接的に測定するというストック評価を重視する思考になります。そうであれば，償却原価は，収益を配分した結果の評価される残高ではなく，直接的に評価された残高となります。

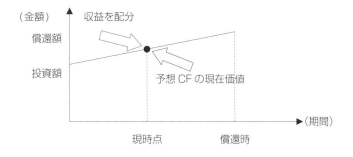

79 会計上の見積りの変更(1)―考え方

Q 会計上の見積りの変更による修正額は，なぜ遡及処理せず，将来にわたって変更させるのでしょうか。

【関連会計基準等】遡及基準，IAS 第 8 号

A 会計上の見積りの変更は，新しい情報によるものであるため，過去に遡って処理しませんが，将来に向けて認識するのみならず，当期のみ認識する場合もあります。ただし，これを区別する判断は，意外に難しいものと考えられます。

解 説

1 会計上の変更

遡及基準において，「会計上の変更」とは，会計方針の変更，表示方法の変更および会計上の見積りの変更をいい，過去の財務諸表における誤謬の訂正は，会計上の変更には該当しないものとしています。また，会計上の見積りの変更は，新しい情報によってもたらされるものであるため，過去に遡って処理する（レトロスペクティブ方式）とはしないものとしています。

遡及基準における分類	遡及基準における原則的な取扱い
会計上の変更	
会計方針の変更	遡及処理する（遡及適用）
表示方法の変更	遡及処理する（財務諸表の組替え）
会計上の見積りの変更	遡及処理しない
過去の誤謬の訂正	遡及処理する（修正再表示）

2 会計上の見積りの変更

このように，遡及基準でも IAS 第 8 号「会計方針，会計上の見積りの変更及び誤謬」でも，会計上の見積りの変更は，過去に遡って処理せず，その影響を当期以降において認識することとし，以下のように定めています。

(1) 会計上の見積りの変更が変更期間のみに影響する場合には，会計上の見

積りの変更の影響を,変更期間だけで一時に認識する(キャッチアップ方式)。
(2) 会計上の見積りの変更が将来の期間にも影響する場合には,会計上の見積りの変更の影響を,将来に向けて認識する(プロスペクティブ方式)。

また,遡及基準やIAS第8号では,以下の具体例を示しています。

会計上の見積りの変更の会計処理	具体例
キャッチアップ方式	回収不能債権に対する貸倒見積額の見積りの変更 (これは,当期の損益や資産の額に影響を与え,当該影響は当期においてのみ認識される)
プロスペクティブ方式	有形固定資産の耐用年数の見積りの変更 (これは,当期およびその資産の残存耐用年数にわたる将来の各期間の減価償却費に影響を与え,その影響は将来の期間の損益で認識される)

3 キャッチアップ方式とプロスペクティブ方式との使い分け

資産や負債の評価額を重視すれば,残高にあわせるために修正されるため,会計上の見積りの変更による影響は,変更期間のみに影響するものと考えられ,変更期間だけで一時に認識される(キャッチアップ方式)ことになります。しかしながら,費用配分をはじめ,将来の期間に影響するものとみれば,会計上の見積りの変更の影響を,将来に向けて認識する(プロスペクティブ方式)ことになります。

たとえば,2で例示した貸倒見積額の場合,これを債権の評価額にのみに関係させれば,その変更の影響は当期においてのみ認識されます(キャッチアップ方式)が,利息計上額にも反映すべきものとすれば,将来の期間にも影響し,将来の期間の損益で認識する(プロスペクティブ方式)ことになります。

耐用年数の変更等に関する影響額を,固定資産の評価に関係させれば,2(1)のキャッチアップ方式によるものとなり,それが臨時償却でした。しかし,減価償却という手続は,固定資産の評価というよりも費用配分の手続であり(☞Q75),将来の減価償却費に反映させるものとすれば,2(2)のプロスペクティブ方式になることとなります。

このように,当期のみの影響であるのか,将来の期間にも影響があるのかの判断は,意外に難しいものと考えられます(☞Q80,Q81)。

会計上の見積りの変更(2)―ストック・オプション

Q 付与日から権利確定日までにおいて，ストック・オプション数の見直しがあった場合，これは会計上の見積りの変更なので，すべて残存期間にわたって計上することになりますか。

【関連会計基準等】ストック・オプション基準，IFRS 第 2 号

A いいえ。ストック・オプション基準では，見直しによって生じた差額を，見直した期の損益として計上することとしています。

解説

1 権利不確定による失効の見積数の変更

ストック・オプション基準では，従業員等からサービスの取得に応じて，費用に計上するものとし，その額は，ストック・オプションの公正な評価額（＝公正な評価単価×ストック・オプション数）のうち，対象勤務期間を基礎とする方法その他の合理的な方法に基づき当期に発生したと認められる額としています。

このうち，ストック・オプション数は，付与されたストック・オプション数（付与数）から，「権利不確定による失効の見積数」を控除して算定されます。この際，付与日から権利確定日の直前までの間に，「権利不確定による失効の見積数」に重要な変動が生じた場合には，これに応じてストック・オプション数を見直し，見直し後のストック・オプション数に基づくストック・オプションの公正な評価額に基づき，その期までに費用として計上すべき額と，これまでに計上した額との差額を，損益として計上することとしています。

また，権利確定日には，ストック・オプション数を権利の確定したストック・オプション数（権利確定数）と一致させ，修正後のストック・オプション数に基づくストック・オプションの公正な評価額に基づき権利確定日までに費用として計上すべき額と，これまでに計上した額との差額を，権利確定日の属する期の損益として計上するものとしています。

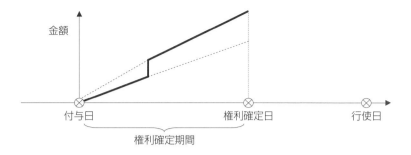

2 ストック・オプション数を変動させる条件変更

ストック・オプション基準では，ストック・オプションの勤務条件や業績条件等の権利確定条件を変更し，ストック・オプション数を変動させた場合，以下を行うものとしています。

(1) 条件変更前から行われてきた，費用計上を継続して行う。
(2) ストック・オプション数を変動させる条件変更による公正な評価額の変動額は，以後，合理的な方法に基づき，残存期間にわたって計上する。

3 ストック・オプション数の見直しとその理由

これらにつき，ストック・オプション基準では，次の説明をしています。

(1) 「1 権利不確定による失効の見積数の変更」は，環境の変化等の企業が意図しないストック・オプション数の変動であり，そのため重要な変動が生じた場合には，その影響額を見直した期に損益として計上する。
(2) 「2 ストック・オプション数を変動させる条件変更」が生じた場合には，企業の意図による結果，将来にわたる効果を期待して条件変更を行ったものと考えられるため，その影響額は，残存期間にわたって反映させる。

これは，IFRS 2 号とはコンバージェンスしているものの，遡及基準では，企業が意図した場合にのみ，会計上の見積りの変更（☞ Q79）を将来の期間に反映させるわけではないため，整合していないといえます。ただし，企業が意図していなければ一時的なものとして，当期のみに対する変更の影響であるとすれば，整合しているともいえ，その取扱いは容易ではありません。

会計上の見積りの変更(3)—金融資産の償却原価

Q 償却原価における会計上の見積りの変更は，有形固定資産における会計上の見積りの変更と同様に，将来に向けて認識する（プロスペクティブ方式）と考えてよいでしょうか。

【関連会計基準等】金融商品基準，IFRS 第 9 号

A はい，日本では，そのように考えられています。しかし，IFRS では，変更期間だけで一時に認識され（キャッチアップ方式），次期以降の利息計上が当初の実効金利で行われることになります。

解　説

1　償却原価における会計上の見積りの変更—日本において

金融商品基準に関する Q&A では，任意繰上償還条項が付されている場合，償却差額は元本残高に対する運用益として各期に合理的に配分されるべきものですので，償却原価法は，満期償還日までの間に生じる元本の償還と任意繰上償還後の元本の残高を反映した利息法または定額法によることとしています（ただし，元本およびクーポン受取額に係る将来キャッシュ・フローの金額とその入金時期を合理的に予測できない場合には，定額法によります）。

また，期間の経過に応じ，これらは実績値に基づき予測値を修正した上で再計算を行うことになり，予測値と実績値との差額については，過年度に遡及して修正せずに，当該年度以降の再計算に含めることとするものとされています。このため，償却原価における会計上の見積りの変更の影響は，将来に向けて認識すること（プロスペクティブ方式）になります（☞ Q79）。

2　償却原価における会計上の見積りの変更— IFRS において

IFRS 第 9 号では，IAS 第 39 号と同様に，償却原価において受取金額の見積りを変更する場合，変更後の見積キャッシュ・フローを当初の実効金利によって再計算した金額になるように修正し，この差額は損益に反映するものとして

います。このため、償却原価における会計上の見積りの変更の影響は、変更期間だけで一時に認識すること（キャッチアップ方式）になります（☞Q79）。

また、IFRS第9号では、IAS第39号と同様に、将来キャッシュ・フローに不利な影響を与える事象が発生しディープ・ディスカウントで取得された信用が減損した（credit-impaired）金融資産の場合、実効金利を計算する際には、このような損失を見積キャッシュ・フローに含めることとしています。

[設例1]　貸付金（元本1,000、契約金利3％、残存期間3年）を451で取得し、取得時（X3年首）の見積キャッシュ・フローは、以下のとおりであった。

	X3年末	X4年末	X5年末
契約キャッシュ・フロー	30	30	1,030
見積キャッシュ・フロー	0	0	600

取得価額451と損失を考慮した見積キャッシュ・フロー600から、実効金利は10％と決定されます。見積どおりであれば、各期の受取利息は、以下のように算定され当初に見積った実効金利10％を示します。

	X3年	X4年	X5年
受取利息	45	50	54
期末の簿価	496	546	600

このような金融資産の見積キャッシュ・フローは、不安定であるため、取得後、その見積キャッシュ・フローは毎期見直されることとなります。

[設例2]　上記［設例1］の貸付金について、X3年末に、見積キャッシュ・フローが次のように見積られた。

	X4年末	X5年末
見積キャッシュ・フロー	0	500

この場合、X3年末における見直し後の見積キャッシュ・フローに基づく償却原価は413（＝500／(100＋10％)^2）となり、X3年末の簿価496との差額83を当期の損失に計上することになります（キャッチアップ方式）。この結果、X4年の利益は41（＝413×10％）、X5年の利益は46（＝(413＋41)×10％）となり、実効金利10％での利息計上が行われることになります。

棚卸資産の低価法

Q IFRSでも日本の会計基準でも、棚卸資産の低価法を定めています。これらは同じ思考によるものでしょうか。

【関連会計基準等】棚卸資産基準，IAS第2号

A 会計処理は同じですが、価値評価の観点か費用配分の観点かという思考は異なるかもしれません。

1 IFRSにおける棚卸資産の低価法

IAS第2号「棚卸資産」において、期末における棚卸資産は、原価と正味実現可能価額とのいずれか低い額により測定するものとしています。これは、資産はその販売または利用によって実現すると見込まれる額を超えて評価すべきではないという考え方と首尾一貫しているとされています。

ここで、正味実現可能価額（net realisable value）とは、以下とされており、企業固有の価値であるため、販売費用控除後の公正価値と等しくないこともあるとしています。このため、IAS第2号における正味実現可能価額は、IFRS第13号「公正価値測定」（☞Q62）の適用対象外とされています。

　　　通常の事業の過程における予想売価
－）　完成までに要する見積原価および販売に要する見積費用
　　　棚卸資産の正味実現可能価額

また、IAS第2号では、正味実現可能価額の上昇により生じる棚卸資産の評価減の戻入額は、その戻入れを行った期間において、費用の減少として認識するとしています。このため、販売価格が下落したために正味実現可能価額を帳簿価額とした棚卸資産を、次期においても保有しており、かつ、その販売価格が上昇した場合、戻入れを行うことになります。

これらの点から、IFRSでは、価値評価の観点から低価法を定めているものと思われます。

2　日本における棚卸資産の低価法

棚卸資産基準では，通常の販売目的で保有する棚卸資産の正味売却価額が取得原価よりも下落している場合，当該正味売却価額をもって貸借対照表価額とし，取得原価との差額は当期の費用とするものとしています（☞ Q69）。収益性の低下により正味売却価額まで切り下げる処理は，他の会計基準における考え方とも整合的であり，また，財務諸表利用者に的確な情報を提供することができるとしています。

　　　売価（購買市場と売却市場とが区別される場合における売却市場の時価）
－）見積追加製造原価および見積販売直接経費
　　　棚卸資産の正味売却価額

売価の基礎となる「時価」は公正な評価額（☞ Q62）とされていますが，売価には，その企業のみが売手となるような相対取引しか行われない場合も含まれ，また，正味売却価額には，期末前後での販売実績に基づく価額を用いる場合や，契約により取り決められた一定の売価を用いる場合を含むとしていますので，IAS第2号と同様，企業固有の価値の要素も含まれるものと思われます。そうであるにもかかわらず，「時価」という用語が用いられているのは，企業会計原則において，時価が取得原価よりも下落した場合には，時価によることができると記述されていたことを受けたものと考えられます。

また，棚卸資産基準では，前期に計上した簿価切下額の戻入れに関しては，洗替え法と切放し法のいずれかの方法を棚卸資産の種類ごとに選択適用できるとしています。投資が回収される形態に応じて，収益性の低下に基づき過大な帳簿価額を切り下げるという減損処理，すなわち，損失分の切捨てという考え方からすれば，切放し法が整合的であると考えられます（☞ Q83）。しかし，以下の点から，いずれでも結果は大きく異ならないと考えられるため，洗替え法と切放し法のいずれの方法も認めていると考えられます。

(1)　正味売却価額の回復は，必ずしも多くないと考えられること。
(2)　仮に正味売却価額が回復している場合には，通常，販売され在庫として残らないと見込まれること（販売損失となること）。

これらの点から，日本では，費用配分の観点から（☞ Q29），いわゆる低価法を定めていると考えることができます。

固定資産の減損処理

Q 固定資産の減損損失の認識した後に価値が回復した場合，戻入れすべきでしょうか。

【関連会計基準等】減損基準，IAS 第36号

A それは，減損処理の意義づけをめぐる問題であり，減損処理は，投資の失敗が明らかになった期に，過大な簿価を切り捨てるという性格を有しており，戻し入れることは適当ではありません。

解 説

1 日本における減損損失の戻入れ

減損基準では，以下の理由から，減損損失を戻し入れないとしています。
(1) 減損の存在が相当程度確実な場合に限って減損損失を認識および測定することとしていること。
(2) 戻入れは事務的負担を増大させるおそれがあること。

2 IFRSにおける減損損失の戻入れ

これに対し，IAS 第36号「資産の減損」では，のれん以外の資産について認識された減損損失は，その後，回収可能価額の算定に用いられた見積りに変更があった場合，減損損失がなかったとした場合の減価償却控除後の簿価までの範囲で，戻し入れることとしています。IAS 第36号では，戻入れを行う理由として，以下を挙げています。
(1) その時点でのIASB概念フレームワークでは，将来の経済的便益の蓋然性が高くなったときに認識する。
(2) 減損損失の戻入れは，再評価ではなく，減損損失が認識されていなかった場合の減価償却費控除後の当初原価を超えることとならない限り，取得原価会計に準拠している。
(3) 減損損失の測定の変動は，会計上の見積りの変更（☞ Q79）と類似のも

のとなり，IAS 第 8 号では，変更がその期間のみに影響を与える場合のみならず，変更に係る期間と将来の期間に影響を与える場合にも，当期純利益に織り込むものとしている。
(4) 減損損失の戻入れは，利用者に資産の将来の便益の可能性について，より有用な方向性を提供する。
(5) 減損損失を戻し入れる場合，減価償却は従前の減損損失を反映しないので，当期および将来の期間の営業業績がより公平に説明される。

3　減損とは何か

減損基準のように，減損損失の戻入れの有無は，減損損失の認識の判定と関連させて説明される場合があります。

減損損失の認識の判定	減損処理の頻度	減損損失の戻入れ
蓋然性規準（帳簿価額を回収できない可能性が高いと考えられる場合）	少ない	行わない
経済性規準（回収可能価額が帳簿価額を下回る場合）	多い	行う

減損処理については，価値が下落したときに損失を認識し，価値が回復したときに戻入れを行うほうが，実態を反映するため優れているという意見もあるかもしれません。しかし，その場合，現行の会計基準が，なぜ簿価以上の価値の上昇（営利企業においては，通常と考えられます）を反映しないのかを説明する必要があります。

減価償却後の簿価をさらに回収可能価額まで引き下げる減損処理は，その回収が期待できないという投資の失敗が明らかになった期に，過大な簿価を切り捨てるという性格を有しています。このような減損処理は，日本では，金融商品基準において，その他有価証券の減損損失の計上や債権に対する貸倒損失の計上にも見られます。

減損損失の戻入れの有無は，日本の会計基準と IFRS との差であり，コンバージェンスが困難な項目として挙げられていますが，それは，実務上の事務負担の問題のみならず，全体の体系の中で減損処理の意義づけをめぐる問題であると考えられます。

84 繰延税金資産の回収可能性

Q 日本において繰延税金資産の回収が見込めない場合における処理は，資産の減損処理とは異なるものでしょうか。

【関連会計基準等】税効果基準

A はい，むしろ評価性引当金の設定に準じた取扱いと考えられます。ただし，税効果基準では繰延税金資産から直接控除することとされ，その金額は注記で開示されます。

解説

1 繰延税金資産の計上

日本の税効果基準では，企業会計と課税所得計算とはその目的を異にし，収益・費用（益金・損金）の認識時点や資産・負債の額に相違が見られることが一般的であるため，法人税等の額が税引前当期純利益と対応せず，また，将来の法人税等の支払額に対する影響が表示されないことになることから，税効果会計が必要であるとしています。

税効果会計の適用により計上される繰延税金資産は，将来の法人税等の支払額を減額する効果を有し，一般的には法人税等の前払額に相当するため，資産としての性格を有するものと考えられています。税効果基準において，繰延税金資産は，将来の会計期間において回収が見込まれる額，すなわち，将来，税金負担額を軽減することができる範囲内で計上し，その範囲を超える額については控除するものとされています。

2 将来に回収が見込まれない額の取扱い

2018年2月に公表された企業会計基準適用指針第28号「税効果会計に係る会計基準の適用指針」では，繰延税金資産の回収可能性は，以下に基づいて，将来の税金負担額を軽減する効果を有するかどうかを判断することとしています。

(1) 収益力に基づく課税所得

⑵　タックス・プランニング
⑶　将来加算一時差異

　税効果基準では，繰延税金資産の将来の回収の見込みについては，毎期見直しを行わなければならないとしており，過大となった金額は取り崩し，回収されると見込まれる金額まで新たに繰延税金資産を計上することになります。

　また，回収可能性を見直した結果生じた繰延税金資産の修正差額は，以下のように取り扱います。

⑴　損益計算書上の法人税等調整額に加減する。
⑵　その他の包括利益累計額（AOCI）に係る繰延税金資産の修正差額は，その他の包括利益（OCI）に加減する（包括利益が示されていない場合には，評価・換算差額等に加減する）。

　このような繰延税金資産の修正差額には，当年度に繰延税金資産が新たに計上されても，スケジューリング不能な将来減算一時差異（将来の一定の事実等の発生により損金算入要件を充足することが見込まれるものの，未だ当該発生を見込めないことにより，損金算入時期が明確でない一時差異）に対するものであるため，結局，控除されるものも含まれます。また，過年度に計上した繰延税金資産の回収が，今期に見込めなくなったものも含まれます。これは，減損処理に近いとも考えられますが，減損処理が，資産の収益性の低下に伴い帳簿価額を切り下げ，その差額を損失として切り捨てることである（☞Q83）とすれば，繰延税金資産の回収可能性の反映は，回収されると見込まれる金額まで再度，繰延税金資産を計上する点で異なるものと考えられます。これは，むしろ評価性引当金の設定に準じた取扱いと考えられます。

　しかし，企業会計原則では，当期の負担に属する金額を当期の費用または損失として引当金に繰り入れ，当該引当金の残高を資産の部に記載するものとしていることから，OCIに計上した場合は評価性引当金には該当しません。

　これらのことから，税効果基準では，税金負担額を軽減することができない額については繰延税金資産から控除し，その額は「評価性引当額」として注記し，内訳や重要な変動の主な内容を記載することとしています。

より理解を深めるために⑦

　第6章から第8章までは，企業による投資のプロセスに沿って会計処理の意味を考察していく中で，保有の段階に焦点を当てています。これは，評価か配分か，原価か時価（公正価値）かといった対立で捉えられることもありますが，本書では，むしろ適切な使い分けが必要であるとしています。

　この点，以下は，公正価値による測定のあるべき考え方が示唆されており，公正価値は，どのような資産・負債に対してどのような場合に適用されるべきかが検討されています。

(1) 大日方隆編著『金融危機と会計規制』中央経済社，2012年
(2) D. Nissim, S. Penman, "Principles for the Application of Fair Value Accounting" Columbia Business School, Working papers, 2008（角ヶ谷典幸，赤城諭士訳『公正価値会計のフレームワーク』中央経済社，2012年）
(3) 石川純治『時価会計の基本問題　金融・証券経済の会計』中央経済社，2002年

　また，以下は，原価評価を含めた測定に関する応用的な論点が検討されている章が含まれています。

(4) 米山正樹『減損会計―配分と評価（増補版）』森山書店，2003年
(5) 角ヶ谷典幸『割引現在価値会計論』森山書店，2009年
(6) 大日方隆編著『会計基準研究の原点』中央経済社，2012年
(7) 大日方隆『利益率の持続性と平均回帰』中央経済社，2013年
(8) 辻山栄子編著『IFRSの会計思考―過去・現在・そして未来への展望』中央経済社，2015年

＊　　　＊　　　＊

　なお，(6)は，のれんの償却（☞ Q76）において引用した大日方隆著「整合性分析と実証研究」が収められています。これは，(7)において，企業の利益率が産業の平均水準に向けて回帰する，すなわち，のれんの価値は持続するものではなく，短期間のうちに消滅することを分析した研究書と一体となったものです。

第8章

負債の割引価値による測定
―直接的な評価か配分か

負債の割引価値

Q 最近の会計基準では，負債を割り引いて測定するようになってきました。これは，公正価値評価を重視しているためでしょうか。

【関連会計基準等】ASBJ 討議資料

A いいえ。負債を割引価値で測定するといっても，それは，フローの損益を計算し，その結果として，ストックの評価額を決めるケースが多く，割引価値を用いていても，むしろ多くの場合，キャッシュ・フローの規則的な配分の観点から説明されることに留意が必要です。

解 説

1 負債の割引価値

負債を割引価値で測定する場合には，キャッシュ・アウトフローが発生するタイミングを合理的に予想することが必要となります。また，割引価値による測定は，資産であっても負債であっても，分子の将来キャッシュ・フローや分母の割引率を継続的に見直すか否かに応じて，いくつかの類型に分けられます。

割引率＼将来キャッシュ・フロー	当初のまま固定	変　更
当初のまま固定	類型1	類型2
変更	類型3	類型4

類型1は，将来キャッシュ・フローも割引率も改訂しない場合であり，償却原価法の適用です。したがって，資産と同様に（☞ Q78），費用配分の処理であり，この変動額は，期首の負債額に対する当初の実効金利による利息費用を表すことになります（ASBJ 討議資料第4章41項，42項）。

類型2は，将来キャッシュ・フローのみを見積り直した場合であり，その変動額には，当初の割引率に見合う利息費用の要素と，期待キャッシュ・アウトフローが変化したことに伴う要素が含まれます（ASBJ 討議資料第4章39項，40

項)。

　類型3は，割引率のみ改訂する場合であり，たとえば，将来の給付水準等の基礎率が一定の場合(すなわち，将来キャッシュ・フローの見込みは変わらないとした場合)における退職給付債務の割引率の改訂などが該当します (☞Q89)。

　類型4は，将来キャッシュ・フローも割引率も見直す場合です。この場合において，測定時点で見積った将来のキャッシュ・アウトフローを，その時点における報告主体の信用リスクを加味した最新の割引率で割り引いた測定値であるときに，はじめて負債の市場価格 (☞Q62) を推定することにつながってきます (ASBJ討議資料第4章37項，38項)。

　このように，負債を割引価値で測定するといっても，それは，フローの損益を計算し，その結果として，ストックの評価額を決めるケースが多く，割引価値を用いていても，むしろ多くの場合，キャッシュ・フローの規則的な配分の観点から説明されることに留意が必要です。

2　将来キャッシュ・フローや割引率を見直す場合の割引価値

　前述した類型4は，見直す頻度や割引率の選択 (☞Q86) によって，その意味するところが異なってきます。

割引率＼見直す頻度	継続的	臨時的
自己の信用リスクを加味したレート	A：デリバティブなどの金融投資	C：保険負債に関する負債十分性テスト
無リスク(リスクフリー)のレート	B：退職給付債務	D：資産除去債務における将来キャッシュ・フローの見積りの変更

　類型4であっても，残高の公正価値 (☞Q62) にあわせるように，簿価との差額を損益とするのは，その負債が図表のAの金融投資 (☞Q61) と同様に考えられるものに限定されます。それ以外のB～Dのケースでは，キャッシュ・フローの配分における会計上の見積りの変更の問題であり，その差額を損益とするか(キャッチアップ方式)，将来にわたって認識するか(プロスペクティブ方式)という意味で問題になります (☞Q79)。

割引率

Q 日本において、「リース債務」「退職給付債務」「資産除去債務」を算定する際の割引率は、なぜ異なっているのでしょうか。

【関連会計基準等】リース基準、退職給付基準、資産除去債務基準

A 有利子負債に準ずるものと考えられるリース債務であれば、翌期以降に資金調達に見合う利息費用を計上することを重視するため、信用リスクを反映させた割引率を用い、そうではない資産除去債務や退職給付債務については、無リスクの割引率を用いていると解することができます。

解説

1 リース債務の算定における割引率

リース基準では、リース債務の計上額を算定するにあたっては、リース料総額から利息相当額の合理的な見積額を控除する方法によるとし、その適用指針において、借手は、以下の割引率を用いるとしています。

(1) 貸手の計算利子率（リース料総額と見積残存価額の合計額の現在価値が、そのリース物件の購入価額等と等しくなるような利率）を知り得る場合は、当該利率

(2) 貸手の計算利子率を知り得ない場合は、借手の追加借入に適用されると合理的に見積られる利率

しかし、リース基準では、なぜそのような割引率を用いるのかについては示されていません。

2 退職給付債務の算定における割引率

退職給付基準において、退職給付債務の計算における割引率は、安全性の高い債券の利回り（期末における国債、政府機関債および優良社債の利回り）を基礎として決定するとしています。しかし、退職給付基準でも、なぜそのような割引率を用いるのかについては示されていません。

3 資産除去債務の算定における割引率

資産除去債務基準において，割引率は，貨幣の時間価値を反映した無リスクの税引前の利率とするとしています。これに至る考え方として，資産除去債務基準では，以下を示しています。

(1) 無リスクの割引率を用いる考え方

割引前の将来キャッシュ・フローとして，自己の信用リスクの影響が含まれていない支出見積額を用いる場合（すなわち，信用リスクによる加算が含まれていない場合），割引率も無リスクの割引率とすることが整合的である。また，同一の内容の債務について信用リスクの高い企業のほうが高い割引率を用いることにより負債計上額が少なくなるという結果は，財政状態を適切に示さないと考えられること，資産除去債務の性格上，自らの不履行の可能性を前提とする会計処理は適当ではないことなどの観点から支持されている。

(2) 信用リスクを反映させた割引率を用いる考え方

割引前の将来キャッシュ・フローの見積額に自己の信用リスクの影響を反映させている場合，割引率にも自己の信用リスクを反映させることが整合的である。また，割引前の将来キャッシュ・フローに信用リスクの影響が含まれていない場合であっても，翌期以降に資金調達と同様に利息費用を計上することを重視する観点からは，信用リスクを反映させた割引率を用いることになる。さらに，約定された支出額を，信用リスクを反映させた割引率で割り引いた現在価値は負債の時価になると考えられることなどの観点から支持されている。

これらからは，有利子負債に準ずるものと考えられるリース債務であれば，借り入れて資産を購入する場合と同様に見て，将来，資金調達に見合う利息費用を計上することを重視し，信用リスクを反映させた割引率を用いることが考えられます。そうではない資産除去債務や退職給付債務については，同一の内容の債務について信用リスクの高い企業のほうが高い割引率を用いることにより負債計上額が少なくなることを避け，また，企業が自らの不履行の可能性を前提とする会計処理は適当ではないという理由により，無リスクの割引率を用いていると考えられます。

退職給付債務

Q 日本の退職給付基準では，退職給付債務や勤務費用の算定において，期間定額基準と給付算定式基準の選択適用を認めていますが，IFRSのように，期間定額基準を認めないほうがよいのではないでしょうか。

【関連会計基準等】退職給付基準，IAS第19号

A 退職給付基準では，期間定額基準を一律に否定するまでの根拠はないことなどから認めていますが，そもそも費用配分方法の論点ですので，継続適用すればよいともいえます。

解説

1 日本の退職給付基準

2012年5月改正の退職給付基準では，退職給付見込額のうち期末までにまたは当期に発生したと認められる額について，以下のいずれかの方法を選択適用して計算するものとしています。

(1) 期間定額基準（退職給付見込額について全勤務期間で除した額を各期の発生額とする方法）

(2) 給付算定式基準（退職給付制度の給付算定式に従って各勤務期間に帰属させた給付に基づき見積った額を，退職給付見込額の各期の発生額とする方法）

　この場合，勤務期間の後期における給付算定式に従った給付が，初期よりも著しく高い水準となるとき（「後加重」のとき）には，当該期間の給付が均等に生じるとみなして補正した給付算定式に従う。

退職給付基準では，従来同様に，退職給付は，その支給方法や積立方法が異なっているとしても，労働の対価として支払われる賃金の後払いであり，基本的に勤務期間を通じた労働の提供に伴って発生するものと捉えています。その上で，将来の退職給付のうち当期の負担に属する額を当期の費用として計上することとしており，負債の評価ではなく，費用配分の観点で，退職給付債務と勤務費用を算定することとしています。

2 期間定額基準を廃止すべきかどうか

退職給付基準の検討の過程では，IAS第19号と同様に給付算定式基準を導入すべきとされたものの，期間定額基準については，以下のように廃止すべきかそうではないかについて意見が分かれたとされています。

期間定額基準を廃止すべきという意見	当該意見に対するコメント
1998年に現行の退職給付基準が公表された直前に改正されたIAS第19号では，その公開草案の段階で期間定額基準に類似した方法が提案されたものの，最終的には給付算定式に従う方法が採用されているため，この経緯を踏まえれば，期間定額基準を改めて支持する根拠を欠く。	IFRSと同じではないからというものであり，積極的な理由ではない。
勤続年数の増加に応じて提供される労働が向上することを踏まえれば，毎期の費用を定額とする期間定額基準よりも，給付算定式に従って費用が増加するほうが実態をより表す。	後加重の場合に定額での補正も含めた方法とは整合していない。
退職給付債務の計算は給付算定式を基礎とすべきであり，これと直接関連しない測定値となる期間定額基準は妥当でない。	
勤務をしても給付が増加されない状況（定年直前に給付額が頭打ちになる場合や，将来給付すべての減額の場合など）でも費用を認識する場合がある点で期間定額基準は妥当でない。	費用配分方法のフィクションとして，雇用主と従業員との間で合意され，その時点でいくら給付されるかを定めた給付算定式に基づく方法のみが合理的であるという考え方であるが，後加重の場合に定額での補正を行うことを考慮すると，どの給付算定式の場合でも，定額で行うことを否定するものではない。
給付算定式に従う給付が著しく後加重である場合など，勤務期間を基礎とする費用配分が適当な状況があるとしても，すべての勤務期間について配分する必要はない。	

退職給付基準では，期間定額基準が最適とはいえない状況があったとしても，これを一律に否定するまでの根拠はないことや，適用の明確さでより優れているため，選択適用することとしたとしています。もっとも，これらは，費用配分（☞Q29）の論点であり，ある方法を継続適用すればよいともいえます。

なお，多くの上場企業は，2012年改正の退職給付基準の適用を契機に，従来の期間定額基準から，給付算定式基準に変更しています。

 引当金

Q IFRSによる引当金は，日本の企業会計原則でいう引当金と異なるため，「引当金」とよぶべきではないのでしょうか。

【関連会計基準等】企業会計原則，IAS 第37号

A そうかもしれません。IASB が2005年6月に公表した IAS 第37号を改正する公開草案では，「引当金」ではなく「非金融負債」という用語を用いることを提案していました。

解説

1 現在の IAS 第37号の取扱い

IAS 第37号「引当金，偶発負債及び偶発資産」において，「引当金」（provision）とは，時期または金額が不確実な負債をいうとしています。このため，引当金は，決済に必要な将来の支出の時期と金額が不確実であるという点で，買掛金や未払費用のような他の負債とは区別できるとしています。

また，IAS 第37号では，支出を資産とするか費用とするかについては定めておらず，他のIFRS に従うこととしています。このため，資産の撤去や原状回復に要する義務が生じた場合には，日本で資産除去債務（☞ Q46，Q91）といわれている負債を，IAS 第37号においては引当金として計上し，また，それは，有形固定資産の使用のために生じることから，IAS 第16号に従って有形固定資産の取得原価に算入します。このように，IAS 第37号では，貸方項目である負債の観点から引当金を定めていることに留意する必要があります。

これは，日本の企業会計原則注解18における考え方，すなわち，期間損益計算の観点から，将来の支出のうち，当期の負担に属する額を当期の費用または

損失として引当金に繰り入れて，その累積残高が引当金になるという考え方とは異なります。

また，IAS第37号では，引当金は，以下のすべての要件を満たす場合に認識するため，単に将来の支出が予想されているだけでは不十分です。
(1) 過去の事象の結果として現在の義務（法的または推定的）があること。
(2) 当該義務を決済するために，経済的便益を持つ資源の流出が必要となる可能性が高いこと。
(3) 当該義務の金額について信頼性のある見積りができること。

2　IAS第37号の見直し

IASBでは，2005年6月に公表したIAS第37号を改正する公開草案において，「引当金」ではなく「非金融負債」という用語を用いることを提案していました。また，IAS第37号改正案では，負債の定義を満たす現在の義務が存在する場合には，その時点におけるIASB概念フレームワークと異なり，蓋然性要件（☞Q43, Q52）を満たしていなくても，将来の事象に関する不確実性を負債の測定に反映することを提案していました。

測定についてIAS第37号改正案では，期末において負債を決済（settle）または負債を第三者に移転（transfer）するために，企業が合理的に支払う金額と提案していました。しかし，これに対するコメントは，たとえば，「決済」とは解約（cancel）なのか履行（fulfil）の意味なのか，決済する金額と移転する金額とが異なる場合はどうなるのか，いずれの金額で負債を測定すべきなのかなど，不明瞭であるとしていました。

このため，IASBでは，2010年1月に再公開草案を公表し，企業は現在の義務から解放されるために，以下のうち最も低い金額となる「期末に合理的に支払う金額」で負債を測定することを提案していました。
(1) 義務を履行（fulfil）するために要する資源の現在価値
(2) 義務を解約（cancel）するための金額
(3) 義務を第三者に移転（transfer）するための金額

IASBでは，他の優先項目や適切な検討の必要性から，この改正を休止し，2015年には調査研究プロジェクトとされています。

会計上の見積りの変更(1)—退職給付債務, 数理計算上の差異

Q 当期に発生した数理計算上の差異は, 遅延認識すべきではなく, 当期の損益に計上すべきではないのでしょうか。

【関連会計基準等】遡及基準, 退職給付基準, IAS 第8号, IAS 第19号

A そうとは限りません。数理計算上の差異を, 将来の期間の損益で認識するほうが, 費用配分の考え方における会計上の見積りの変更など, 他の会計処理とは整合的になります。

解 説

1 数理計算上の差異

退職給付基準やIAS第19号によれば, 数理計算上の差異は, 以下から構成されます。
(1) 数理計算上の仮定の変更により発生した差異
(2) 実績による修正（見積数値と実際の結果との差異）

2 数理計算上の仮定の変更により発生した差異について

遡及基準でもIAS第8号でも, 基本的に, 配分の会計処理を行っている場合, 新たな事実の発生によって会計上の見積りの変更が生じたときには, これまでの配分パターンを将来にわたって変更させます（プロスペクティブ方式）。このため, 有形固定資産の耐用年数に関する見積りの変更と同様に, 資産・負債の直接的な測定ではなく, 費用配分の会計処理である退職給付会計においても, 1(1)の数理計算上の仮定の変更により発生した差異は, 会計上の見積りの変更であり, 将来の期間の損益で認識することが整合的となります（☞ Q79）。これは「遅延認識」とよばれることがありますが, 本来計上しなければならない金額を遅らせているというバイアスが入っていますので, むしろ将来にわたって計上していくことが適切に示されるように, 「逐次認識」や「継続認識」などとよぶべきという意見もあります。

ただし，会計上の見積りの変更後の再計算による結果としての残高を貸借対照表に計上することが有用であると考えるのであれば，残高の調整額（会計上の見積りの変更によって将来の期間に影響させるべき部分）も当期の財務諸表に反映させざるを得ません。この調整額が，未認識数理計算上の差異（☞Q57,Q72）にあたり，その他の包括利益（OCI）の利用により財務諸表で認識され（☞Q36），プロスペクティブ方式により，OCI計上後の残存勤務期間にわたって費用配分処理（すなわち，リサイクリング（☞Q36））すべきということになります。

3 実績による修正について

また，1(2)の実績による修正についても，年金資産や退職給付債務の金額が清算額のように確定している場合には，その差異を損益とせざるを得ません。しかし，そうではないとすれば，必ずしも財務諸表に認識するものではありません。

もっとも，見積数値ではなく実績の残高を貸借対照表に計上することが有用であると考えるのであれば，実績による修正額である「会計上の見積りの変更によって将来の期間に影響させるべき部分」（すなわち，未認識数理計算上の差異）も当期の財務諸表に反映させざるを得ませんので，OCIに計上されることとなります。これを設例により考えてみましょう。

> ［設例］ 前期末の年金資産は800，期待運用収益率3％とし，当期末の制度資産の公正価値は850とする。

長期的な運用をしている金融商品や不動産等で構成されている年金資産について，期末の公正価値850が確定額であれば，簿価824（＝800×1.03％）との差額26も実際の運用成果として，当期の損益とすべきことになります（☞Q72）。

他方，期待運用収益額24が計上すべき損益であり，これに基づいて期待運用収益率による簿価824を期末残高とすれば，そもそも公正価値850や期末簿価との差額26は，財務諸表に反映されません。しかし，この場合でも，公正価値を貸借対照表に計上することが有用であると考えるのであれば，差額26は，財務諸表に反映されざるを得ず，OCIとなりますが，その後，リサイクリングすべきということになります（☞Q72）。

会計上の見積りの変更(2)—退職給付債務,過去勤務費用

Q IFRSでは,権利が確定していないストック・オプションについては,権利確定期間にわたって費用としますが,過去勤務費用はすべて当期の費用とするため,整合していないと考えてよいでしょうか。

【関連会計基準等】IFRS第2号,IAS第19号

A はい,整合していません。改正IAS第19号では,未確定の過去勤務費用を当期の費用とすることは,未確定の当期勤務費用と整合的であり,IFRS第2号との整合性よりもIAS第19号内での整合性がより望ましいとしています。

 解説

1 改正IAS第19号における過去勤務費用の取扱い

2011年6月に改正されたIAS第19号「従業員給付」において,過去勤務費用は,制度改訂(確定給付制度の導入や廃止,変更)や縮小により生じた,過去の期間における給付建債務の現在価値の変動をいいます。

それ以前のIAS第19号では,過去勤務費用について,次のように処理するものとしていました。

(1) 過去勤務費用の権利が未確定の場合,確定する(vested)までの期間にわたる従業員の勤務への対価であるため,当該期間にわたり定額法によって費用とする。

(2) 過去勤務費用の権利が確定している場合,直ちに費用とする。

> [設例] 各年の勤務に対して給与の一定割合を給付する制度において,給付を受け取る権利は,5年間の勤務後に確定するものとする。X5年1月1日に規程を改訂した結果,X5年1月1日までの勤務に関する追加給付額の現在価値は270,このうち,①勤務が5年以上の従業員の分が150,②勤務が5年未満の従業員(確定するまでの平均期間は3年)の分が120であったものとする。

改正前のIAS第19号では,過去勤務費用270のうち給付確定分の150につい

ては，すでに確定しているため直ちに費用とし，未確定分の120については，X5年1月1日から3年間にわたって定額法により費用としていました。

これに対し，改正IAS第19号では，権利が未確定の過去勤務費用120についても，関連する制度変更が生じた時点で，費用とすることとしています（即時認識）。なお，日本の退職給付基準では，未認識過去勤務費用270をその他の包括利益（OCI）に計上し，平均残存勤務期間以内で費用とします（☞Q57）。

2　過去勤務費用を当期の費用とする理由

改正前のIAS第19号では，次の理由から過去勤務費用は，変更後の給付の権利が確定するまでの平均期間にわたって費用とすべきとしていました。
(1)　いったん給付が権利確定すれば，認識すべき負債が明確に存在する。
(2)　権利未確定の給付を個々の期間に帰属させることは恣意的である。

これに対して改正IAS第19号では，次の理由から過去勤務費用を直ちに費用とするものとしています。
(1)　IAS第19号では，給付が将来の雇用を条件としている（すなわち，給付の権利が確定していない）場合であっても，給付を各期に帰属させているため，未確定の過去勤務費用を当期の費用とすることは，そのような未確定の当期勤務費用を当期の費用とすることと整合的である。
(2)　恣意性が，より回避される。

IFRS第2号「株式報酬」では，権利未確定の期間に受け取るサービスは，権利が確定するまでの期間にわたって費用とするとしています（☞Q77）。このため，未確定の過去勤務費用を当期の費用とすることは，IFRS第2号の取扱いとは異なりますが，改正IAS第19号では，IFRS第2号との整合性よりもIAS第19号内での整合性がより望ましいとしています。しかし，従業員給付の基準をIFRS第2号とIAS第19号に分けることが必然的ではない限り，この説明は合理的ではありません（☞Q19）。

そもそもIAS第19号では，勤務費用と利息費用の累計に基づき，権利が未確定の給付でも推定的債務として負債計上しており，確定した債務との差額を費用としているわけではないことにも留意する必要があります。

会計上の見積りの変更(3)―資産除去債務

Q IFRSにおいて，資産除去債務における会計上の見積りの変更があった場合，その調整の効果は，キャッチアップ方式により，一時の損益とするのでしょうか。

【関連会計基準等】資産除去債務基準，IAS第8号，IAS第16号，IAS第37号

A いいえ。IFRSでも日本と同様に，資産除去債務における会計上の見積りの変更があった場合の当該資産除去債務の変動は，関連する資産の取得原価に加減し，耐用年数にわたり将来に向かって減価償却することとしています。

解 説

1 IFRSにおける取扱い

IFRSにおいて資産除去債務は，IAS第37号「引当金，偶発負債及び偶発資産」に従って負債として認識され，IAS第16号「有形固定資産」に従って有形固定資産の取得原価の一部として認識されています（☞ Q88）。当該負債を決済するために必要な将来キャッシュ・アウトフロー（COF）の時期や金額の変更，または割引率の変更に起因する資産除去債務の変動は，IFRIC第1号「廃棄，原状回復及びそれらに類似する既存の負債の変動」により，関連する資産の取得原価を増減させ，当該資産の修正後の減価償却可能価額は，耐用年数にわたり償却されるものとされています。

これは，日本の資産除去債務基準と同様のプロスペクティブ方式（☞ Q79）によるものと考えられます。もっとも，日本の資産除去債務基準では，分母の割引率については，米国基準と同様に，見直しを行わずに，負債計上時の割引率を用いることとしていますので，該当するのは，分子の割引前の将来キャッ

シュ・フローの見積りの変更による調整額だけになります（☞Q85）。

2　採用されなかった他の考え方
IFRIC 第1号では，他の考え方についても言及しています。

代替的アプローチ	採らなかった理由
変更の影響は，当期の損益とする。	将来キャッシュ・アウトフロー（COF）の変更による影響を当期の損益とすることは，IAS 第16号に従った廃棄費用の当初資産化に整合しない。
将来 COF の変更の影響のみを資産化し，割引率の変更による影響は当期の損益とする。	インフレーションなどの事象が，将来 COF と割引率の両方に影響を及ぼすことに鑑みると，同じ方法で処理すべきである。
当初負債・資産の取得原価の修正として扱い，それまでに認識されていたこととなる減価償却分は当期の損益とし，将来の減価償却分は資産化する。	変更による影響をすべて将来に向かって資産化する IAS 第8号や IAS 第16号とは整合しない。

IFRIC 第1号に影響を与えている IAS 第8号「会計方針，会計上の見積りの変更及び誤謬」は，以下を定めています（☞Q79）。
(1) 変更が発生した年度のみに影響を与える場合には，変更が発生した年度の損益に計上する。
(2) 変更が発生した年度と将来の期間の両方に影響を及ぼす場合には，変更が発生した年度と影響のある将来の期間の損益に計上することにより，会計上の見積りの変更を将来に向かって認識する。

公開草案に対する大半のコメント提出者は，IAS 第8号は，通常，すべて将来に向かって処理することを要求するものであると解釈しており，IFRIC でも，これを支持することとされました。特に，IAS 第16号において，償却可能資産の耐用年数の見積りの変更や，当該資産に包含される将来の経済的便益の想定される費消パターンの変更は，当期および資産の残存耐用年数のそれぞれの期間の減価償却費に影響を及ぼすことになります。

このため，IFRS では，資産除去債務における会計上の見積りの変更があった場合，その調整の効果を一時の損益とするのではなく，将来に向かって認識することとしています。

会計上の見積りの変更(4)—保険負債

Q IFRSでは，保険契約に関する割引率を変更したことによる保険負債の変動は，当期純利益に反映すべきとしているのでしょうか。

【関連会計基準等】IFRS第17号

A いいえ。2017年5月公表のIFRS第17号「保険契約」における一般モデルでは，割引率の変更による影響は，すべて当期純利益とする，または一部を当期純利益とし，他をその他の包括利益（OCI）とするという会計方針を選択することとしています。

解 説

1 IFRS第17号における取扱い

IASBは，前身のIASCが1997年に開始した保険契約のプロジェクトを引き継ぎ，フェーズIとして2004年にIFRS第4号「保険契約」を公表しました。その後，フェーズIIとして，これと置き換わる会計基準の開発を行い，2010年7月公表の公開草案，2013年6月公表の再公開草案を経て，2017年5月にIFRS第17号を公表しています。

保険契約は，通常，長期間にわたって変動を伴うキャッシュ・フローを生み出すことから，IFRS第17号では，責任準備金（liability for the remaining coverage）と支払備金（liability for incurred claims）の合計として測定される保険契約負債（ストック情報）には，現在の見積りを用いることとしています。

直接連動の有配当契約以外の保険契約に適用される一般モデルにおいて，責任準備金は，以下の合計額で測定されます。

履行キャッシュ・フロー
① 将来キャッシュ・フローの見積り
② 貨幣の時間価値および将来キャッシュ・フローに係る金融リスクを反映するための調整
③ 非金融リスクに係るリスク調整
契約サービスマージン（CSM）

また、保険契約は、金融商品とサービス契約との両方の側面を有していることから、当期におけるサービスの移転によって、契約サービスマージンを配分することにより利益を認識し、時間価値や金融リスクの影響である保険金融損益は、保険サービスの成果と別に表示することとしています。

2 保険契約における見積りの変更の取扱い

IFRS第17号では、履行キャッシュ・フローの変更のうち、将来のサービスに関わる分は、契約サービスマージンの調整としています。この調整は、契約が不利な場合を除き、保険契約負債の中での移転であり、負債の総額を変えることなく、将来に向かって当期純利益に認識されます（プロスペクティブ方式）。

また、履行キャッシュ・フローは現在の割引率で測定するため、割引率の変更による影響は保険金融損益とし、すべて当期純利益とする、または一部を当期純利益とし、他をOCIとするという会計方針を選択することとしています。

2010年7月公表の公開草案では、割引率の変更を直ちに認識することが状況変化に関する重要な情報を提供するとして、その変動をすべて当期純利益とすることを提案していました。これに対して2013年6月公表の再公開草案では、割引率の変更の影響は、OCIに認識しリサイクリングすることを提案していました。これは、財務諸表利用者が、保険契約の引受や投資の業績をよりよく分析できるように、現在の測定を保険負債や包括利益に反映しつつ、当初の時間価値を当期純利益に反映させるなどのためとしていました。IFRS第17号では、会計方針の選択により、保有している資産に係る金融収益・費用を現在の測定基礎を用いて表示することを認め、会計上のミスマッチ（☞Q28）を避けることを可能にするとしています。

	2010年7月公表の公開草案	2013年6月公表の再公開草案	IFRS第17号
将来のサービスに関わる履行キャッシュ・フローの変更	すべて当期純利益	ゼロになるまで契約サービスマージンを修正	ゼロになるまで契約サービスマージンを修正
割引率の変更	すべて当期純利益	すべてOCI	以下の会計方針を選択 • すべて当期純利益 • 一部を当期純利益、他をOCI

より理解を深めるために⑧

　一般に，測定については，原価と公正価値の使い分けが論点と考えられていますが，公正価値の場合のみならず，原価評価の範囲と考えられている減価償却や引当処理などにおいても，見積りが必要とされます。IFRSでも日本基準でも，会計上の見積りの変更の影響は，過去に遡って処理しないこととしています。しかし，個々の会計基準において，当期においてのみ認識としているもの（キャッチアップ方式）と，将来の期間にも認識されるとしているもの（プロスペクティブ方式）があります（☞ Q79）。

　さらに，会計上の見積りの変更に関しては，以下のように，損益（フロー）に関する影響を将来に向けて認識する（プロスペクティブ方式）ものの，ストックに関する影響は一時に認識する（キャッチアップ方式）という，広義のプロスペクティブ方式が採られているものもあります。

(1) 退職給付債務に関する数理計算上の差異などから構成される「確定給付負債または資産（純額）の再測定」をその他の包括利益（OCI）に認識する（☞ Q89）。
(2) 資産除去債務の決済に必要な将来キャッシュ・フローの時期や金額の変更，または割引率の変更に起因する変動は，関連する資産の取得原価を増減させ，当該資産の修正後の減価償却可能価額を耐用年数にわたって償却する（☞ Q91）。
(3) 保険契約負債の責任準備金を構成する履行キャッシュ・フローの見積りの変更のうち，将来のサービスに関わる分は，契約サービスマージン（負債）の調整とし，契約が不利な場合を除き，負債の総額を変えることなく，将来に向かって当期純利益に認識される（☞ Q92））。
(4) 未払リース料の見積りに変更があった場合，借手は，リース負債を再測定し，差額を使用権資産の修正として残存年数にわたって償却する。

会計処理	損益に関する当期の影響	残高に関する当期の影響
キャッチアップ方式	○	○
プロスペクティブ方式	×	×
広義のプロスペクティブ方式	×	○

○：反映する，×：反映しない

第9章

資産・負債のオフバランス化
―投資の清算

資産の売却と交換

Q 資産の売却と物々交換は，ともに資産を譲渡し，対価を受け入れるため同じ会計処理になりますか。

【関連会計基準等】企業会計原則，金融商品基準，収益認識基準

A いいえ。それらは必ずしも同じ会計処理になるとは限らず，考え方によっては，売却処理されないこともあります。

解 説

1 単純な売却取引における会計処理

原価評価されている資産を引き渡し，金銭を受領するという単純な売却取引においては，その資産が実物資産であれ金融資産であれ，売却損益が計上されます。もっとも，このような単純な売却取引であっても，その会計処理は，以下のように異なった形で説明されてきています。

(1) 考え方1：稼得過程の完了である売却（特に，営業活動では販売）により，譲渡資産の簿価と受取対価との差額を損益として認識する。

(2) 考え方2：売却によって，以下の規準により資産の認識が中止され，譲渡資産の簿価と受取対価との差額を損益として認識する。

① 考え方2－1：資産の所有に伴う重要なリスク・経済価値の移転を規準とする。

② 考え方2－2：資産に対する支配の移転を規準とする。

棚卸資産の収益認識は，原則として販売基準によっていますが，これまでは，考え方1または考え方2－1であったといえます。他方，収益認識基準では顧客による財・サービスの支配の獲得，金融資産の譲渡においても，日本では金融資産に対する支配の移転をもって資産の認識の中止を行うこととしているため，考え方2－2によっているといえます。もっとも，単純な取引においては，いずれの考え方であっても，結果は変わりません。

2 単純な物々交換における会計処理

購入,売却と物々交換は,いずれも以下のように交換取引です。

資産の受入れ＼資産の移転	金銭	金銭以外
金銭	両替,外貨決済	売却(販売や処分を含む)
金銭以外	購入(取得)	物々交換

しかしながら,物々交換においては,継続的な関与がない単純な取引であっても,売却処理されないことがあります。
(1) 考え方1に基づき,物々交換が売却による稼得過程の完了と同様とみなされれば売却処理され,そうではない場合,譲渡資産の簿価を引き継ぐ。
(2) 考え方2-1に基づき,交換された資産同士のリスク・経済価値が大きく異なる場合には売却処理され,そうではない場合,譲渡資産の簿価を引き継ぐ。

日本では,異種の固定資産の交換は売却処理され,同種の資産の交換は簿価を引き継ぐため,これらの考え方に基づいていると考えられます。そこでは,金銭を支払う交換である「購入」から始まる投資のプロセスにおいて,金銭を受け取る交換である「売却」によって完了(投資が清算)することにより損益を認識するという考え方,すなわち,利益計算を投資の回収によって行う思考があります(☞ Q51)。

これに対して,考え方2-2は,売却と同様に,物々交換においても譲渡資産の支配が譲渡先へ移転したことは明らかであるため,譲渡した財と受け入れた財の種類や用途にかかわらず,売却処理することになります。これは,以下の思考によるものと考えられます。
(1) 損益計算を投資の回収によって行う。観察可能な交換があれば,合理性が乏しい場合を除き,投資のプロセスが完了したと考え,損益認識する。
(2) 損益計算を単に資産・負債の増減によって行う。資産に対する支配が移転した以上,認識を中止し,受取対価との差額を損益認識する。

94 棚卸資産の売却処理

Q 棚卸資産の販売による売上の計上基準は，収益費用に着目するのではなく，資産負債に着目すれば明確になるのでしょうか。

【関連会計基準等】IASB概念フレームワーク，IAS第2号，IFRS第15号

A そうとは限りません。収益費用に着目して説明するのか，資産負債に着目して説明するのかというよりも，「販売」とは何か，「棚卸資産の移転」とは何かをどのように考えるかによって，結果が異なってきます。

解 説

1 棚卸資産の販売による収益認識

これまでIAS第18号では，棚卸資産の販売からの収益は，その所有に伴う重要なリスク・経済価値が買手に移転し，その取引に関連する経済的便益が流入する可能性が高いことなどの要件を満たしたときに認識するものとしています。また，IAS第2号では，関連する収益が認識される期間に，棚卸資産の帳簿価額を費用として認識するものとしています。

これは，販売という稼得過程の完了によって収益認識されたときに，これと直接的に対応（☞Q28）するように棚卸資産を費用とする収益費用に着目した考え方です（☞Q93の考え方1）。しかし，資産負債に着目して，販売という棚卸資産の移転により，認識が中止され費用となると考えることもできます（☞Q93の考え方2-1）。いずれの場合も，「販売」を要件にして判断する限り，同じ結果になると考えられます。

	販売時	
収益費用に着目	収益が認識され，これと直接的に対応するように，棚卸資産を費用とする	同じ結果
資産負債に着目	棚卸資産が移転したときに，認識が中止され費用となり，収益も認識する	

2 資産負債に着目した収益認識

このように，資産負債に着目したとしても，伝統的な収益認識においては，棚卸資産の所有に伴う重要な「リスク・経済価値」の移転を考慮し，棚卸資産の認識を中止したときに費用化し，受取対価を収益として認識しているということができます。

これに対し，IFRS第15号では，棚卸資産に対する「支配」を顧客が獲得したときに，棚卸資産の認識の中止により費用化し，棚卸資産の移転の約束という履行義務が消滅して収益認識することとしています（☞Q93の考え方2−2）。

これらは，いずれも資産負債に着目していますが，どのような場合に棚卸資産の認識の中止を行うかにおいて相違が生じます。たとえば，売手の企業が買戻権を有している場合や買手の顧客が返品権を有している場合，棚卸資産の所有に伴う重要な「リスク・経済価値」の移転を考慮する場合，そのような権利・義務による「リスク・経済価値」の程度が重要であれば，会計上，棚卸資産は移転していないと考えます。

他方，顧客が棚卸資産の「支配」を獲得したかを考慮する場合，顧客がその棚卸資産を自由に利用できるかがポイントとなります。このため，売手の企業が買戻権を有している場合には，買い戻されるときの引渡しに備えて顧客はその棚卸資産を自由に利用できませんので，会計上，棚卸資産は顧客に移転していないと考えられます。しかし，買手の顧客が返品権を有している場合には，顧客は自由に利用できますので，会計上，棚卸資産は移転しています。

	販売（棚卸資産の移転）時	売手の買戻権	買手の返品権
棚卸資産という資産の移転に着目	棚卸資産の所有に伴う重要な「リスク・経済価値」の移転を考慮	△	△
	顧客が棚卸資産の「支配」を獲得したかを考慮	×	○

（右側：違う結果）

このように，棚卸資産の移転に着目しても，その移転をどのように考えるかによって，結果が異なってきます。資産に対する支配の移転に着目して損益の認識時期も決めようとする考え方は，これまでも金融資産において見られますが，特に証券化の場合のように，重要な継続的な関与があるときに売却したと見て損益を認識するかどうかは，古くて新しい問題です。

金融資産の売却処理

Q 金融資産のオフバランス化は，IFRSにおいても，日本と同様に，支配の移転によって判断することとされているのでしょうか。

【関連会計基準等】金融商品基準，IFRS第9号

A いいえ。IFRSでは，まず「リスク・経済価値」の移転に関する評価を行い，その後，「支配」の移転の評価を行う方法をとっています。

解 説

1 日本における金融資産のオフバランス化

金融資産の売り切り（単純な売却取引）について消滅を認識する（いわゆるオフバランス化する）ことに異論はありません（☞Q93）。しかし，金融資産を譲渡し，譲渡人が継続的関与（たとえば，譲受人に対し譲渡資産の損失について行っての保証を付与する）を有する場合，金融商品基準では，以下の方法が考えられるとしています。

考え方	具 体 的 な 方 法
リスク・経済価値アプローチ	金融資産のリスク・経済価値のほとんどすべてが他に移転した場合に当該金融資産の消滅を認識する方法
財務構成要素アプローチ	金融資産を構成する財務的要素に対する支配が他に移転した場合に当該移転した財務構成要素の消滅を認識し，留保される財務構成要素の存続を認識する方法

金融商品基準では，証券・金融市場の発達により金融資産の流動化・証券化が進展すると，金融資産を財務構成要素に分解して取引することが多くなり，リスク・経済価値アプローチでは，取引の実質的な経済効果が譲渡人の財務諸表に反映されないこととなるため，財務構成要素アプローチによることとしています。

ここで，リスク・経済価値アプローチは，売却か否かがオール・オア・ナッシングで判断されるため「一括アプローチ」とよび得るものです（☞Q93の考え方1または考え方2-1）。ただし，重要ではない「リスク・経済価値」を留

保しても売却処理がされる場合は,「分解アプローチ」とも結びつきます（☞ Q96）。他方,財務構成要素アプローチは,「分解アプローチ」とよび得る考え方です。資産に対する支配の移転により売却を判断する方法（☞ Q93の考え方2-2）は,いずれとも結びつくものですが,金融商品基準では,「分解アプローチ」のみと結びつけていることに留意が必要です。

オフバランス化の規準	オフバランス化の処理
① リスク・経済価値の移転	A 一括アプローチ
② 支配の移転	B 分解アプローチ

2 IFRSにおける金融資産のオフバランス化

IAS第9号では,IAS第39号と同様に,金融資産を移転した場合,以下のように,「リスク・経済価値」の移転に関する評価が「支配」の移転の評価に優先することとされています。

(1) 当該金融資産の所有に係るリスク・経済価値のほとんどすべてを移転している場合には,当該金融資産の認識の中止を行う。

(2) 当該金融資産の所有に係るリスク・経済価値のほとんどすべてを留保している場合には,当該金融資産の認識を継続する。

(3) 当該金融資産の所有に係るリスク・経済価値のほとんどすべてを,移転したわけでも留保しているわけでもない場合には,当該金融資産に対する支配を有しているかどうかを判定し,支配を有していないときには認識の中止を行い,有しているときには当該金融資産に対して継続的関与を有している範囲において,当該金融資産の認識を継続する。

IASBでは,IAS第39号が「リスク・経済価値」「支配」「継続的関与」という多様な要素を組み合わせており,また,その適用順を特定しており複雑であること,「ほとんどすべてのリスク・経済価値」に関するガイダンスが乏しいことなど実務上,適用の困難性があることを理由として,2009年3月に公開草案を公表していました。しかし,それは,2009年6月公表の米国基準（SFAS第166号）と異なることもあり,2010年10月にIFRS第7号を改正し開示についてのみ米国基準とのコンバージェンスを進め,会計処理に該当する部分は,2010年10月にIAS第39号からIFRS第9号に,そのまま移行されています。

財務構成要素への分解(1)―受取対価の分解

Q 保証やポイントなど，資産の売却後に追加支出が生じ得るという継続的な関与がある場合，その分の負債を計上すれば売却処理を行ってもよいでしょうか。

【関連会計基準等】収益認識基準，IFRS 第15号

A 伝統的には，リスク・経済価値の移転の考え方の下で，継続的な関与が重要でなければ，その支出分を負債（引当金）に計上し売却処理してきました。最近では，それに見合う収入分を負債（前受金）に計上し売却処理することが行われています。

解 説

1 支出分の負債（引当金）計上と売却処理

保有する資産を売却し，事後に追加支出が生じ得るという継続的な関与として，ここではポイントの付与を取り上げます。伝統的な処理は，単一の取引に関連する収益・費用を同時に認識しますので，販売時に，将来，ポイントの利用による財・サービスの見積コストを原価ベースで引き当てます（☞ Q54，Q55）。これは，ネット・キャッシュフローに基づく損益を一時に認識するものであり，「一括アプローチ」（☞ Q95）といえます。

2 収入分の負債（前受金）計上と売却処理

これに対し，最近では，単一の取引を個別に識別可能な構成部分（component）ごとに分割し，販売による受取対価の一部をポイントに配分し，収益の認識をポイントの利用による財・サービスの提供時まで繰り延べます（☞ Q54，Q55）。これは，ネット・キャッシュフローに基づく損益を複数に分けて認識するものであり，「分解アプローチ」（☞ Q95）といえます。

これまで IFRS では，リスク・経済価値の移転の考え方の下で，この見解をとっていました。また，IFRS 第15号「顧客との契約から生じる収益」では，

支配の移転の考え方の下で，付与するポイントが重要な権利を顧客に提供するとき，この見解をとっています。

3 設例による検討

> [設例] 製品の販売に際し，販売後1年以内に使用可能なポイントを販売価額の10％付与し，翌期にすべて利用されるものとする。X0年度における製品の販売（簡便化のために，すべて期末において販売されたものとする）は100（製品の簿価は60）であり，X1年度に10ポイント（販売に見積られた公正価値は10）の利用によって，商品（簿価4）が引き渡されたものとする。

この場合，1の一括アプローチでは，次のような損益となります（なお，この考え方では，事後に追加支出が生じ得るという継続的な関与が重要である場合には，売却処理が認められず，金融処理（預り金処理）となります）。

	X0年度	X1年度	合計
売上	100		100
売上原価	60		60
ポイント引当金繰入額	(＊1)4		4
売上総利益	36	(＊2)	36

(＊1) X1年度に，ポイントの利用により，商品（簿価4）が引き渡すものと見込んでいる。
(＊2) X1年度における商品原価4の発生は，X0年度に引き当てた4の取崩しによるため，X1年度における損益に影響はない。

また，2の分解アプローチでは，次のような損益となります。

	X0年度	X1年度	合計
売上	(＊1)91	(＊2)9	100
売上原価	60	4	64
売上総利益	31	5	36

(＊1) 100÷(100＋10)×100＝91
(＊2) 100÷(100＋10)×10＝9

なお，分解アプローチは，資産負債に着目する考え方（☞Q95）のみならず，どの稼得過程にある財・サービスの提供が完了したかに着目する考え方（☞Q93）として説明することもできます。

財務構成要素への分解(2)―支出原価の分解

Q IFRS第16号「リース」において，売手／借手は，セール＆リースバック取引を金融取引として扱うのでしょうか。

【関連会計基準等】IFRS第16号

A IFRS第16号では，セール取引（資産の移転）が，IFRS第15号「顧客との契約から生じる収益」における収益認識の規準を満たす場合には，売却処理としています。ただし，利得・損失は，買手／貸手に移転された権利に係る分だけを認識します。

解 説

1 IAS第17号におけるセール＆リースバック取引の会計処理

これまでのIAS第17号「リース」では，日本のリース基準と同様に，セール＆リースバック取引におけるリースバック取引の分類により，売手／借手の会計処理を以下としていました。

(1) リースバック取引がファイナンス・リースの場合，売却代金が簿価を超える額を収益として即時に認識せず，繰り延べて，リース期間にわたって取り崩す。

(2) リースバック取引がオペレーティング・リースの場合，当該取引が公正価値に基づいていれば，即時に損益を認識する。

2 IFRS第16号におけるセール＆リースバック取引の会計処理

IFRS第16号において売手／借手は，セール取引（資産の移転）が，IFRS第15号における収益認識の規準を満たさない場合には，移転した資産の認識を継続し，譲渡代金を金融負債として認識することとしています。

セール取引が，IFRS第15号における収益認識の規準を満たす場合には，売手／借手は，売却処理としますが，以下のように測定します。

(1) リースバック取引から生じる使用権資産は，資産の従前の簿価のうち売

第9章 資産・負債のオフバランス化—投資の清算　211

手／借手が留保する使用権に係る部分で測定する。
(2) 利得・損失は，買手／貸手に移転された権利に係る分だけを認識する。

> [設例] A社は，X1年期首に，固定資産（簿価100）をB社に公正価値150で売却し，同時に，当該資産を3年間リース（期末に毎年50支払，割引率10%）した。

［設例］において，A社の売却がIFRS第15号を満たしていない場合は実質的に金融取引であるため，売却は認識されず，受取額は，IFRS第9号が適用される金融負債となります。

これに対して，A社の売却がIFRS第15号を満たしている場合，売手／借手は，法的にはリース物件全体を買手／貸手に売却していますが，経済的な観点からは，リースバックの終了時のリース物件の価値に対する持分だけを売却しており，リースバック期間の資産の使用権は留保しているとしています。

X1年期首におけるA社のそれぞれの会計処理は，以下となります。

IFRS 第15号を満たしていない場合	IFRS 第15号を満たしている場合
(借) 現金　　150　(貸) 金融負債　150	(借) 現金　　　　　　150　(貸) 固定資産　　　100 　　　使用権資産(*2)　83　　　リース負債(*1) 124 　　　　　　　　　　　　　　　売却益　　　　　9

(*1) 支払リース料の現在価値 $124 = 50 \div 1.1 + 50 \div (1.1)^2 + 50 \div (1.1)^3$
(*2) 使用権資産は，固定資産の従前の簿価のうちA社が留保する使用権に係る部分83（＝簿価100×使用権に関するリース料の現在価値124÷資産の公正価値150）

IFRS第15号における収益認識の規準を満たしている場合の処理は，下表の②－Bの方法（☞Q95）であり，IAS第17号では①－Aでした。2013年5月公表の再公開草案（ED）「リース」では，Bの分解アプローチ（部分的な認識の中止）は適用が困難であり，それに見合った便益を財務諸表利用者に提供しないとして，②－Aを提案していました。

2018年3月改正のIASB概念フレームワークでは，この点には触れておらず（☞Q98），それは，このように考え方が揺らいでいたためなのかもしれません。

オフバランス化の規準	オフバランス化の処理
① リスク・経済価値の移転	A　一括アプローチ
② 支配の移転	B　分解アプローチ

認識の中止と条件変更

Q IFRSにおいて契約の条件変更があった場合，資産・負債の認識を中止することになるのでしょうか。

【関連会計基準等】IASB概念フレームワーク，IFRS第9号，IFRS第16号

A 条件変更により，既存の権利・義務が消去され，新たな権利・義務が追加された場合，資産・負債の認識を中止し，それらにより生じる収益・費用を認識する場合がありますが，そうではない場合もあります。

解説

1 IASB概念フレームワークにおける認識の中止

2018年改正のIASB概念フレームワークでは，認識の中止（derecognition）を，認識した資産・負債の全部または一部を企業の財政状態計算書から除去することとしています。また，その会計処理は，以下の2つを目的とし，IASBの見解では，支配アプローチは目的①に，より焦点を当て，リスク・経済価値アプローチは，目的②により焦点を当てるものであるとしています。

目的	アプローチ
① 認識の中止をもたらし，取引後に保有されている資産・負債（取引または他の事象の一部として取得，発生または創出された資産・負債を含む）の忠実な表現	支配アプローチ
② 当該取引または他の事象の結果，企業の資産・負債の変動の忠実な表現	リスク・経済価値アプローチ

企業が，資産・負債の一部分のみを譲渡した場合や一部のエクスポージャーを留保している場合には，これらのアプローチが同じ結果になるとは限らず，前述の2つの目的が時には相反することがあります。IASBは，両方の目的を有効なものと見ており，2018年改正のIASB概念フレームワークでは，いずれのアプローチによるかは特定しなかったとしています。

認識を中止した場合，譲渡部分から収益・費用が認識されますが，前述の2つの目的を達成するために十分でない場合には，譲渡部分も引き続き認識する

ことがあり，この場合，譲渡部分と留保部分のいずれからも，収益・費用は認識されないとしています。

2 認識の中止と条件変更

2018年改正のIASB概念フレームワークにおいて，契約の条件変更（contract modification）の会計処理は，条件変更後に留保されている資産・負債に関して，また，その条件変更により企業の資産・負債がどのように変動したかに関して，どの会計単位（unit of account）が，財務諸表利用者に最も有用な情報を提供するかを検討する必要があるとしています。

条件変更の内容	検討内容
既存の権利・義務のみが消去される場合	前述した認識の中止の議論を検討する。
新たな権利・義務のみが追加される場合	追加された権利・義務を，別個の資産・負債として扱うか，または既存の権利・義務と同じ会計単位の一部として扱うかを決定する。
既存の権利・義務が消去され，新たな権利・義務が追加された場合	それらの条件変更の別々の効果および組み合わせた効果の両方を考慮する。条件変更により従前の資産・負債が新しい資産・負債に，実質的に置き換わる範囲において従前の資産・負債の認識を中止し，新しい資産・負債を認識する必要があるかもしれない。

たとえば，IFRS第9号「金融商品」では，金融負債の条件変更が大幅なものである場合，従前の金融負債の認識の中止と新しい金融負債の認識として会計処理し，差額は損益に認識することとしています。他方，IFRS第16号「リース」では，別個のリースとして会計処理されないリースの条件変更において，借手は，修正されたリース料と修正された割引率により，リース負債を再測定し，条件変更の内容に沿って，以下の処理をすることとしています。

条件変更の内容	会計処理
リースの範囲の減少分	一部または全部の終了を反映するように，使用権資産とリース負債を減少させ，差額を損益とする。
それ以外	リース負債の再測定による差額を，使用権資産の修正とする。

IFRS第16号では，IFRS第9号と同様に，大幅な条件変更であるかどうかを区別するアプローチも検討しましたが，使用権資産との結びつきの結果，それぞれの変動の異なる性質を忠実に表現しないこととなるため，そのアプローチは採用しないこととしています。

事業分離と移転損益

Q 吸収合併や吸収分割により子会社や事業を移転し、移転先の企業の株式を受け取った場合、移転元の企業は、移転損益を認識することになるのでしょうか。

【関連会計基準等】事業分離等基準、IFRS 第10号

A 日本では、移転損益の認識について、対価が移転した事業と異なるかどうかという「対価の種類」を考慮しますが、「支配」については必ずしも要件とはされないものとしています。これに対し、IFRSでは、事業に対する「支配」の移転を規準とするものと考えられます。

解 説

1 事業分離における移転損益の認識—日本において

事業分離等基準では、一般に事業の成果をとらえる際の投資の継続・清算という概念に基づき、実現損益（☞Q27）を認識するかどうかという観点から、分離元企業の会計処理を考えています。すなわち、分離した事業に関する投資が継続していると見るか清算されたと見るかによって、一般的な売却や交換に伴う損益認識と同様に、分離元企業において移転損益が認識されない場合と認識される場合があるとしています。これは、単純な交換取引において、売却処理される場合とされない場合があることと同じ考え方です（☞Q93）。

投資の継続・清算	移転損益の認識
投資が継続していると見る	認識しない
投資が清算されたと見る	認識する

ここで、投資が継続していると見るか清算されたと見るかを判断するためには、具体的に明確な事実として観察することが可能な要件を定める必要があるとし、他の会計基準の考え方との整合性を踏まえると、対価が移転した事業と異なるかどうかという「対価の種類」は該当しますが、事業に対する「支配」については必ずしも該当しないものとしています。

このため，事業分離等基準では，分離先企業の株式のみを受取対価とする事業分離において，分離先企業が新たに分離元企業の「子会社」となる場合のみならず，新たに「関連会社」となる場合においても，分離元企業は，従来同様，事業投資として，投資が継続しているものと見て移転損益を認識しないものとしています。他方，分離先企業が子会社・関連会社ではない場合，もはや移転した事業に関する投資は継続していないものと見て，原則として，移転損益を認識するものとしています。

2 事業分離における移転損益の認識―IFRSにおいて

IFRSでは，事業分離に関する独立した会計基準はありませんが，IFRS第10号において，子会社に対する「支配」を喪失した場合，親会社は当該子会社に係る個々の資産・負債および資本（非支配株主持分（☞ Q38）やその他の包括利益累計額（☞ Q35）を含みます）について認識の中止を行うものとしています。

この際，親会社が支配喪失後に旧子会社に対して所有する投資（残存投資）を，支配喪失日の公正価値で測定し，それにより生じる利得・損失を当期純利益に認識することとしています。それは，支配の喪失が重大な経済事象であり，以前の親子会社関係とは大きく異なる投資元と投資先との関係が開始するためとしています。これは，単純な交換取引において，資産に対する「支配」の移転を規準として認識の中止とする考え方（☞ Q93の考え方2－2）と同じものと考えられます。

なお，子会社の支配を喪失した場合の仕訳イメージは，以下のとおりです。

諸負債	(BV)	諸資産		(BV)
非支配株主持分	(BV)			
受取対価	(FV)	損益(*)		(差額)
残存投資	(FV)			
OCI	(BV)			

(*) 当該損益には，残存投資についての評価損益や当該子会社に関連して認識されていたその他の包括利益累計額（AOCI）からの振替額（リサイクリング分）も含まれます。

資産負債の総額表示・純額表示

Q IFRS 第15号「顧客との契約から生じる収益」において，損益計算書では，取引価格に基づく履行義務の額（総額）で収益を計上し，貸借対照表では，契約上，残存する権利と義務は純額で計上することとしていますが，なぜでしょうか。

【関連会計基準等】IASB 概念フレームワーク，IFRS 第15号

A IFRS 第15号では，顧客との契約における権利と義務の相互依存性が最も良く反映されるためとしています。しかし，未履行契約の取扱いからは，単一の権利または義務の当初測定がゼロであるためと考えられます。

解 説

1 収益認識における貸借対照表上の純額表示

IFRS 第15号では，顧客との契約締結時に，企業は「顧客から対価を受け取る権利」を獲得し，契約において約束した財・サービスを提供するという「履行義務」を引き受け，取引価格を反映した履行義務を充足したときに（または充足するにつれて）収益を認識することとしています。

ただし，対価を受け取る権利と履行義務は，契約負債または契約資産として純額で表示することとしています。これは，残存する権利と義務を貸借対照表において純額で表示することが，顧客との契約における権利と義務の相互依存性（interdependency），すなわち，顧客から対価を受け取る権利は企業の履行に左右され，同様に，企業は顧客が支払を続ける限りにおいてのみ履行するという関係を最も良く反映するためとしています。

2 純額表示に対する考え方

顧客との契約（販売契約）における権利と義務をどのような思考に基づいて認識しているのかにより，この純額表示に対する考え方は異なります。

思考	顧客との契約における権利と義務の認識	純額表示の説明
1	販売契約は別個の権利と義務から構成される。 ⇒「顧客から対価を受け取る権利」という認識された資産と「履行義務」という認識された負債に基づいて収益を計上する。	認識された資産・負債は相殺表示されているため。
2	販売契約は単一の権利または義務である。 ⇒認識された資産・負債に基づいて収益を計上するというよりも,収益を取引価格という総額で計上するために,取引価格で測定した履行義務の充足によって収益を計上する。	当初測定は,通常ゼロであるため。

　2018年改正のIASB概念フレームワークにおいて,相殺表示（offsettling）は,類似しない項目を一緒に分類するため,一般に,適当ではないとしています。実際にIASBでは,金融商品に関して,2011年12月に金融商品の相殺に関する要件を明確化するようにIAS第32号を改正するなど,相殺表示の要件を厳格に定めています。このため,相互依存性を良く反映するといった程度の説明で「思考1」とするには,距離がありすぎると考えられます。むしろ「思考2」のように,顧客との契約は単一の権利と義務と位置づけたほうが説得性があるでしょう。

　IASB概念フレームワークでは,未履行契約（executory contracts）のように,いくつかの契約は,各当事者の権利と義務の両方を確立し,これらの権利および義務が,相互に依存し分離することができない場合,それらは分離できない単一の資産・負債を構成し,したがって単一の会計単位（unit of account）を形成するとしています。これが資産または負債として財務諸表に含まれるかどうかは,認識基準や選択される測定基礎（該当する場合には,契約が不利かどうかのテストも含む）に依存するとしています（☞Q52）。したがって,「思考2」は,IASB概念フレームワークと整合的であるといえます。

　このように,強制可能な販売契約を締結すれば,販売者は引渡義務を負っており,また,購入者は支払義務を負っていますが,不利な状況ではない限り,一般に,その単一の権利・義務は履行されるまで,ゼロとしての測定（したがって,資産・負債を認識しないことと同じになります）が想定されていると考えられます。

より理解を深めるために⑨

　1999年公表の金融商品基準により，手形の割引は，それ以前の割引処理（手形自体をオフバランス化しつつ，割引による入金額と簿価との差額を満期日まで期間配分）から，売却処理することとされています。

[設例]
　A社（3月期決算）は，X1年2月1日に商品を100で販売し，受け取った手形（期間3ヵ月）を，すぐに割引料3を控除した97で割り引き，手形は，満期日（X1年4月30日）に決済された。なお，割引日および決算日における保証債務（受取手形遡及義務）の時価は0であるものとする。

	売買処理				割引処理			
	借　方		貸　方		借　方		貸　方	
販売日	受取手形	100	売上	100	受取手形	100	売上	100
割引日	現金預金 手形売却損	97 3	受取手形	100	現金預金 前払費用	97 3	受取手形	100
決算日	なし				割引料	2	前払費用	2
満期日	なし				割引料	1	前払費用	1

　この変更は，企業会計審議会が1997年に公表した「金融商品に係る会計処理基準に関する論点整理」において，割引処理は，損益計算書と貸借対照表の間で整合性を欠く処理（金融処理と売買処理）であるため，取引の実態に応じて整合性を図ることが適当であるとしていたことによります。

　消滅の認識（認識の中止）の会計処理では，資産のオフバランス化と損益認識が一体（金融処理または売買処理）と考えられています。しかし，資産・負債の消滅とその差額の損益認識とが対立する場合，問題が生じます。もし消滅してしまった資産に関する前払費用の資産性に疑義があるとすれば，その他の包括利益（OCI）とし，期間経過に応じてリサイクリングすることも考えられるでしょう。

　もっとも，2018年改正のIASB概念フレームワークのみならず，OCIは損益計算書と貸借対照表との間の連結環とみているという日本の立場でも，資産・負債の測定の差異ではなく，認識・認識の中止に関する差異をOCIとするという考えは，今のところ見受けられません。

索 引

欧 文

BPS ··· 27
CB ·· 90
DES ··· 90
EPS ··· 27
EU 同等性評価 ································· 19
JWG ·· 136
OCI ··· 78, 80
OCI オプション ······························· 146
PER ··· 26

あ 行

後入先出法 ······································ 160
意思決定支援 ······································· 3
移転損益 ··· 214
エンフォースメント ···························· 8
オペレーティング・リース ············· 120

か 行

会計上の変更 ·································· 170
会計上のミスマッチ ················· 61, 145
会計上の見積りの変更 ···················· 170
会計単位 ························· 134, 213, 217
会計利益モデル ································· 50
開発コスト ······································ 102
買戻権 ··· 205
確認価値 ·· 33
過去勤務費用 ·································· 194
活発な市場 ······································ 135
借入コスト ·· 98
間接的直接法 ····································· 29
期間定額基準 ·································· 188
期間配分 ·· 63
義務 ·· 112

キャッシュ・フロー計算書 ··············· 28
キャッシュ・フロー・ヘッジ ········ 142
キャッチアップ方式 ························ 171
給付算定式基準 ······························· 188
共同支配 ································ 126, 128
金融投資 ························ 57, 133, 137
偶発負債 ··· 115
クリーンサープラス関係 ·················· 69
繰延収益 ·· 95
繰延税金資産 ·································· 180
繰延費用 ·· 95
契約支援 ·· 3
減価償却 ··· 162
研究コスト ······································ 103
原則主義 ·· 12
減損損失 ··· 178
現物配当 ·· 89
コアのれん ······································ 107
公正価値 ··· 134
公正価値オプション ······················· 140
公正価値ヘッジ ······························· 142
公正価値モデル ······························· 150
高品質 ·· 41
固定対固定の条件 ····························· 86
混合測定 ······················ 49, 57, 135, 157

さ 行

財産目録 ·· 24
細則主義 ·· 12
再評価モデル ·································· 152
財務構成要素アプローチ ··············· 206
財務報告基準 ···································· 10
残余利益 ·· 57
時価 ·· 134
事業活動 ·· 45

事業投資……………………56, 133, 137
自己創設のれん……………………………52
自己創設負ののれん………………………54
資産……………………………………………94
資産除去債務……………………100, 196
資産負債アプローチ………………48, 51
自社株コール………………………………85
自社株フォワード…………………………88
自社株プット………………………………86
実現可能……………………………………58
実効金利法………………………………169
実質優先……………………………………38
支配………………………………94, 124, 205
資本維持……………………………46, 68
受託責任…………………………………2, 23
取得法……………………………………111
純資産価値モデル………………………50
純利益………………………………………70
償却………………………………………162
償却原価…………………………………168
償却原価法……………………………174, 184
条件変更…………………………………213
使用権モデル……………………………120
少数株主持分……………………………82
正味実現可能価額………………………176
正味売却価額…………………………148, 177
除去コスト………………………………100
信頼性………………………………………34
数理計算上の差異………………………192
ストック・オプション…………………166
製造コスト………………………………103
製品保証引当金…………………………117
生物資産…………………………………149
セール＆リースバック取引……………210
全部のれん………………………………108
総額法……………………………………127
相殺表示…………………………………217
組成された企業…………………………124

その他の包括利益………………………78, 80

た 行

ダーティーサープラス……………………69
待機債務…………………………………115
退職給付債務……………………………188
忠実な表現…………………………………34
中立性………………………………………42
直接的直接法………………………………29
賃貸等不動産……………………………151
積立状況を示す額………………………122
低価法……………………………………176
適格資産……………………………………98
投資企業…………………………………139
投資のリスクからの解放…………………59
投資不動産………………………………150
取引コスト…………………………………96

な 行

内的整合性…………………………………40
認識の中止………………………………212
年金資産…………………………………154
のれん……………………………………106

は 行

比較可能性…………………………………36
引当金……………………………………190
ビジネスモデル……………………………44
非支配株主持分……………………………82
評価性引当金……………………………181
費用収益の対応……………………………60
費用配分……………………………………62
比例連結…………………………………126
ファイナンス・リース…………………120
複合金融資産……………………………141
複合金融負債……………………………141
複式簿記……………………………………64
負債………………………………………112

物々交換	203	持分法	128
部分のれん	108		

や 行

不利な契約	55, 113
プロスペクティブ方式	171
分類変更	156
予測価値	31, 33

ら 行

返品権	205
返品調整引当金	118
包括利益	70, 76, 80
報告企業	14
保険契約	198
保守主義	42
保証債務	114
利害調整	3, 4, 22
履行義務	118, 205, 216
リサイクリング	79, 80, 92, 147
リスク・経済価値アプローチ	206
利息法	169
臨時償却	171
レリバンス	32

ま 行

わ 行

未履行契約	113, 217
持分プーリング法	111
割引率	186

【著者紹介】

秋葉　賢一（あきば　けんいち）

1986年　横浜国立大学経営学部卒業
同　年　英和監査法人（現 有限責任あずさ監査法人）入所
1989年　公認会計士登録
1998年　同法人社員
2001年　企業会計基準委員会（ASBJ）へ専門研究員（2007年から主席研究員）として
　　　　出向（2009年まで）
2007年　同法人代表社員
2009年　早稲田大学商学学術院 大学院会計研究科 教授（現在に至る）

　この間、日本銀行金融研究所 客員研究員（1997年－1999年，2018年－現在），金融庁企業会計審議会 幹事（1999年－2003年），および企画調整部会 専門委員（2013年－2014年），日本証券アナリスト協会試験委員（2005年－2018年），公認会計士試験委員（2009年－2015年），国税審議会委員（2019年－現在）などを務める。

【著書】
『エッセンシャルIFRS』（中央経済社，第1版・2011年，第2版・2012年，第3版・2014年，第4版・2015年，第5版・2016年，第6版・2018年）など

会計基準の読み方Q&A100（第2版）

2014年2月15日　第1版第1刷発行
2014年6月30日　第1版第3刷発行
2019年3月1日　第2版第1刷発行

著　者　秋　葉　賢　一
発行者　山　本　　　継
発行所　㈱中央経済社
発売元　㈱中央経済グループ
　　　　パブリッシング

〒101-0051 東京都千代田区神田神保町1-31-2
電　話　03（3293）3371（編集代表）
　　　　03（3293）3381（営業代表）
http://www.chuokeizai.co.jp/
印刷／東光整版印刷㈱
製本／㈲井上製本所

Ⓒ 2019
Printed in Japan

※頁の「欠落」や「順序違い」などがありましたらお取り替えいたしますので発売元までご送付ください。（送料小社負担）

ISBN 978-4-502-30091-2 C3034

JCOPY〈出版者著作権管理機構委託出版物〉本書を無断で複写複製（コピー）することは，著作権法上の例外を除き，禁じられています。本書をコピーされる場合は事前に出版者著作権管理機構（JCOPY）の許諾を受けてください。
　JCOPY〈http://www.jcopy.or.jp eメール：info@jcopy.or.jp 電話：03-3513-6969〉

─ ■おすすめします■ ─

学生・ビジネスマンに好評
■最新の会計諸法規を収録■

新版 会計法規集

中央経済社編

会計学の学習・受験や経理実務に役立つことを目的に，最新の会計諸法規と企業会計基準委員会等が公表した会計基準を完全収録した法規集です。

《主要内容》

会計諸基準編＝企業会計原則／外貨建取引等会計処理基準／連結CF計算書等作成基準／研究開発費等会計基準／税効果会計基準／減損会計基準／自己株式会計基準／1株当たり当期純利益会計基準／役員賞与会計基準／純資産会計基準／株主資本等変動計算書会計基準／事業分離等会計基準／ストック・オプション会計基準／棚卸資産会計基準／金融商品会計基準／関連当事者会計基準／四半期会計基準／リース会計基準／持分法会計基準／セグメント開示会計基準／資産除去債務会計基準／賃貸等不動産会計基準／企業結合会計基準／連結財務諸表会計基準／研究開発費等会計基準の一部改正／変更・誤謬の訂正会計基準／包括利益会計基準／退職給付会計基準／税効果会計基準の一部改正／収益認識基準／原価計算基準／監査基準／連続意見書　他

会 社 法 編＝会社法・施行令・施行規則／会社計算規則

金 商 法 編＝金融商品取引法・施行令／企業内容等開示府令／財務諸表等規則・ガイドライン／連結財務諸表規則・ガイドライン／四半期財務諸表等規則・ガイドライン／四半期連結財務諸表規則・ガイドライン　他

関連法規編＝税理士法／討議資料・財務会計の概念フレームワーク　他

■中央経済社■